レシート探訪

1枚にみる小さな生活史

藤沢あかり

レシート探訪　１枚にみる小さな生活史

はじめに

「レシートには、暮らしが詰まっている」

そう感じるようになったのは、いつからだろう。

店名や日付、品名、金額が書かれた一枚の紙切れ。わたしにはこれが、一人ひとりの暮らし、そして人となりが詰まった記録に見える。

印象に残っているレシートがある。2015年、100円ショップ「ダイソー」で買った、洗濯バサミ五点。数年後、書類整理のなかで、ふいにこの一枚に再会した。そこでわたしは、しみじみと自分の子育てを振り返ることになった。

一点10個入りだから、トータル50個、かなりの量である。「洗濯バサミをつまむ動作は指の発育によく、想像力をはぐくむおもちゃになります」。そんな話を取材で聞き、わたしは張り切って当時2歳だった娘に買い与えたのだった。

その後、洗濯バサミは、長くつないでヘビになり、アクセサリーになり、おままごとのごはんになった。子育ての記憶のあちこちに、ピンクや黄色、水色のキッチュでカラフルなプラスチックがある。
10歳になった娘に、もう洗濯バサミの出番はない。5歳離れた弟を産んだときには、「洗濯バサミを知育おもちゃに」という子育てへの気負いはなくなっていたし、もし似たようなことを聞いたとしても、買いに走ることはなかっただろう。
大量の洗濯バサミのレシートは、はじめての子育てのがむしゃらさや、試行錯誤の象徴に見えたのだった。

レシートの店名や日付、買ったものをたどっていくと、不思議とその場で会った人や話したこと、当時の気持ちや情景がくっきりと浮かび上がってくる。それはたいてい、手帳にも写真にも残っていない日常そのもので、だからこそ、レシートという記録の力に心を動かされたのかもしれない。

いろいろな人のレシートを訪ねてみるのはどうだろう。そこに隠れた話を聞いてみたい。「あなたの暮らしを教えてください」と、突然たずねても、答えに困らせるかもしれないけれど、レシートなら見せてもらえるだろうか。

そうしてはじまった、レシート探訪。
26人の暮らしの断片、ささやかな生活の記録である。

目次

レシートから伝わる「家族」

レシートから気付いた「好き」

レシートで考えた「仕事」

レシートからみえた「未来」

初出について

本書は、ECサイト「北欧、暮らしの道具店」の連載『レシート、拝見』（2020年7月〜2022年11月）を単行本化にあたり、一部改題、加筆、修正し、収録しています。

『風吹けば、六十の手習い』『ガリガリ君と米粉パン。わたしのために見つけた仕事』『わたしのレシートから01〜05』は書き下ろし。

レシートからのぞいた「食卓」

故郷の味とインド旅。東京で生きる彼女を支えるもの

よく風が通る、古いマンションの最上階。おじゃますると、「コロナ禍の自粛中にどんどん増えてしまって」という、たっぷりのグリーンが出迎えてくれた。

キッチンや洗面所に棚を取りつけ、扇風機は動かしやすく自作のキャスター台車に。自分の手を動かして日常を楽しむ姿勢が、部屋のあちらこちらから伝わってくる。インテリアスタイリストの岩佐知布由さんは、遊び心と工夫で暮らしをやりくりするのが好きだ。

刺身の盛り合わせに寿司酢、きざみ海苔に大葉。レシートの明細に漂うごちそうの予感は当たったらしい。楽しそうな声が返ってきた。

「すごくひさしぶりに友人が家に来てくれたときですね。実家でよく食べた混ぜ寿司をつくりました。それだけだとちょっと寂しいと思って、煮浸しも。たっぷりの刻み生姜を入れた出汁で、豚バラ肉とナスを一緒に煮るんです。実家の定番料理で、母に教えてもらったレシピです」

料理上手な母と、登山が趣味の厳格な父、そして3歳違いの姉。愛を込めて「なんにもない」と笑う茨城のつくばで社会人になるまでを過ごした。

「基本的には家でご飯をつくります。もちろん、お弁当を買って帰る日もありますよ。得意とは言えないけれど、料理をするのは好きです。こっちのレシートは、アジの開きをほぐして冷汁に挑戦してみた日かな。すごくおいしかったんですよ。でもわたしの場合、冷汁はつくっても一緒に食べる春巻きは買ってきたお惣菜。そう思うと、母がつくる食卓はすごかったですね。一汁三菜どころか四菜、五菜と並ぶ日もありましたから」

つくることも食べることも楽しんで、料理と付き合える人なのだろう。ひさしぶりに訪ねてくる友達においしいものを食べてもらいたいと思ったとき、紐解くのがレシピ本よりも実家で食べた味の記憶だなんて、育ってきた温度がじんわりこちらにも伝わってくる。

「家の素朴なご飯が好きなのは、おばあちゃんっ子なのもあるかもしれません。もう90歳を超えましたが、鎌倉の山の上で、いまも元気に畑仕事をしています。スマホも使いこなすんですよ」

好物のミョウガが、蝶のように可憐で透明感のある花を咲かせると教えてくれたのも祖母だった。小さいころから大の仲良しで、大人になったいまでは尊敬する人でもある。長

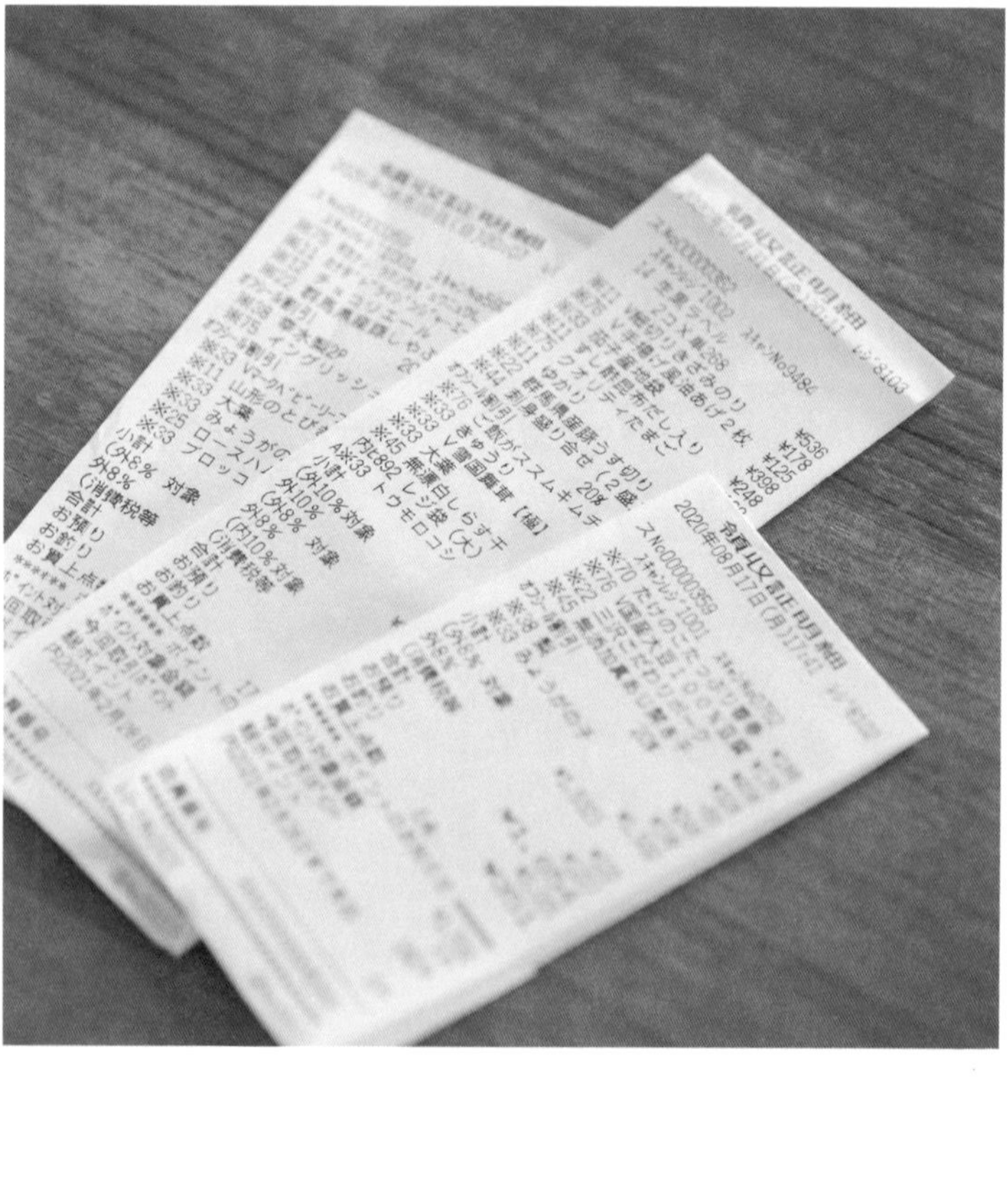
2020年08月17日(月)
¥536
¥178
¥125
¥398
¥248
※33 大葉
※45 無漂白しらす干
内比892 レジ袋(大)
A※33 トウモロコシ
小計
(外10％対象
外10％
(外8％ 対象
外8％
(内10％対象
(消費税等
合計
お預り
お釣り
お買上点数
※33 みょうがの
※25 ロースハ
※33 ブロッコ
外8％
(消費税等
合計
お預り
お釣り
お買上点数

引くコロナ禍に、様子を案じて送ったメールへの返信はこうだ。

「『世の中はコロナで騒がしいけれど、わたしは毎日家の掃除をしたり、畑仕事をしたり、なんら変わりありません』。強いですよね。祖母は、誰よりも働き者で、草むしりをして、家じゅうをピカピカにして。そういう当たり前の生活を、ずっと続けてきたんです」


インテリアスタイリストということで、雑貨や暮らしの道具などの買い物は最近ありましたか？　とたずねると、マーガレット・ハウエルのレシートを見せてくれた。真新しい、鉄器のすり鉢。

「イギリスのプロダクトデザイナー、ロバート・ウェルチの作品です。スパイスをすりつぶすものですが、見つけたとき、あ！これでゴマがすれる！って思いました。すり鉢をずっと探していたんです、胡麻和えをつくりたくて」

イギリスのモダンなデザインに胡麻和えを浮かべる姿に、実家や祖母を慕う彼女のルーツが垣間見えた。


スタイリストとして独立するまでの道のりは、迷ったり試したりの連続だったらしい。

インテリアデザインの学校を卒業したものの、自分の可能性を信じすぎるあまり、まだ青い実力との折り合いがつけられない。いくつめかの会社を辞めたあと、目指した場所はインドだった。

「25歳のころです。ヨガにはまっていて、教室の友達と『みんなちょうど無職じゃない⁉インド行っちゃう?』って」

こう書くと気軽に聞こえるけれど、「帰ってもうちの敷居をまたぐな」と言わんばかりの父の猛反対を押し切っての旅だったというから、並々ならぬ決意だったに違いない。

「途中からは、ひとりで旅を続けました。そこでの経験が自分を強くしてくれましたね。どこでも生きていける!と自信になったし、インド人の生命力の強さも印象的でした」

インドへ行けば人生観が変わるとは、よく聞く話である。3ヶ月後、はたしてインドの旅は、自分を縛りつけていた考えから解放してくれた。

デザインにこだわらなくてもいい。やれることをやってみよう。

気持ちは吹っ切れても、仕事が簡単に見つかるわけではない。ようやく採用をもらえたのは、コンサバ系のアパレルブランドの販売員。それでもやりがいをもって過ごしていた矢先、また転機がやってきた。2011年3月、東日本大震災だ。

「先のことはわからない。こんなにも痛感した経験はありませんでした。それならば、自分が心からやりたいと思えるなにかを仕事にしよう、そこにまた戻ってきたんです。そのとき、じっくりと考えました。ずっとデザイン職にこだわっていたけれど、デザインはゼロから生み出す作業です。それよりも、いまあるものをうまく組み合わせながら、つくり手や作品の魅力を伝える橋渡しはどうだろう。インテリアスタイリストなら、それができるんじゃないかって」

そこへきて憧れていたスタイリストが、たまたまアシスタントを募集していたのだから、人生のめぐり合わせを思わずにはいられない。

最近は、これからの在り方を方向づけるような仕事にも出会った。

「茨城の霞ヶ浦のほとりにたつ、古い造り酒屋を改装したゲストハウスの仕事です。なんにもないと思っていた茨城だけど、その『なんにもない』を味わい尽くすコンセプトに共感しました。これからどんな仕事をしていきたいかと考えたとき、わたしは人を癒したり、気持ちをリセットできる空間をお手伝いしていけたらいいなって。自分の力は小さくても、スタッフと力を合わせれば予想を超えるいいものが生まれる。その達成感も経験しました。スタイリストは勉強することも多いから、わたしなんてまだまだ。でもようやく、もっと知りたい、もっとやってみたいと思える道が見つかった気がしています」

取材後、「良かったら食べていってください」と、あらかじめむいて冷やしてあった梨を出してくれた。くし切りに、かわいらしいフラミンゴのピックが刺さっている。そういえば、スーパーのレシートにはどれも果物があった。スイカにキウイ、そして梨。

「おばあちゃんがいつも言ってました。朝のフルーツは金、昼は銀、夜は銅、って。実家では食後に必ずフルーツが出ていたから、いまもその習慣は残っています」

都会に暮らす人の心を支えたり、温めたりするのは、こんなささやかなことかもしれない。こうして誰かがむいてくれた果物を食べるのはいつぶりだろうかと考えながら、冷たい梨で喉をうるおした。

岩佐知布由（いわさ・ちふゆ）
インテリアスタイリスト。雑誌、広告、カタログなどでのインテリアや雑貨のスタイリングに加え、ショップのディスプレイ、住宅の空間コーディネートも手がける。

ゴーヤー、豆腐、豚ばら肉。レシートの中の青い海

「子どものころ、外食に行くと『同じもので』が禁句だったんです。家族が頼んだものに、『わたしもそれがいい』っていうこと、あるじゃないですか。あれが絶対にダメ。『4人いたら4つの料理の味をみんなで楽しめるじゃないか、そんなつまらない人間に育てた覚えはない！』って（笑）」。

そう話すのは、文筆家のツレヅレハナコさん。「いまでこそ、好きなものは1人前食べたいってときもありますけど。でも、せっかくお店に行ったのなら、いろいろ食べてみたいという親の気持ちもわかりますよね」と笑う。筋金入りの、おいしいもの好きだ。

食べることに真剣勝負の両親のもとで育ったハナコさんは、「外食3軒はしごは当たり前、新しいニットよりおいしいもの」という貪欲な20代を過ごしながら、料理誌の編集者として20年近いキャリアを積んだ。いまはフリーの文筆家として、「寝ても覚めてもおいしい料理とお酒のことを考え」、レシピやエッセイを次々と世に送り出している。

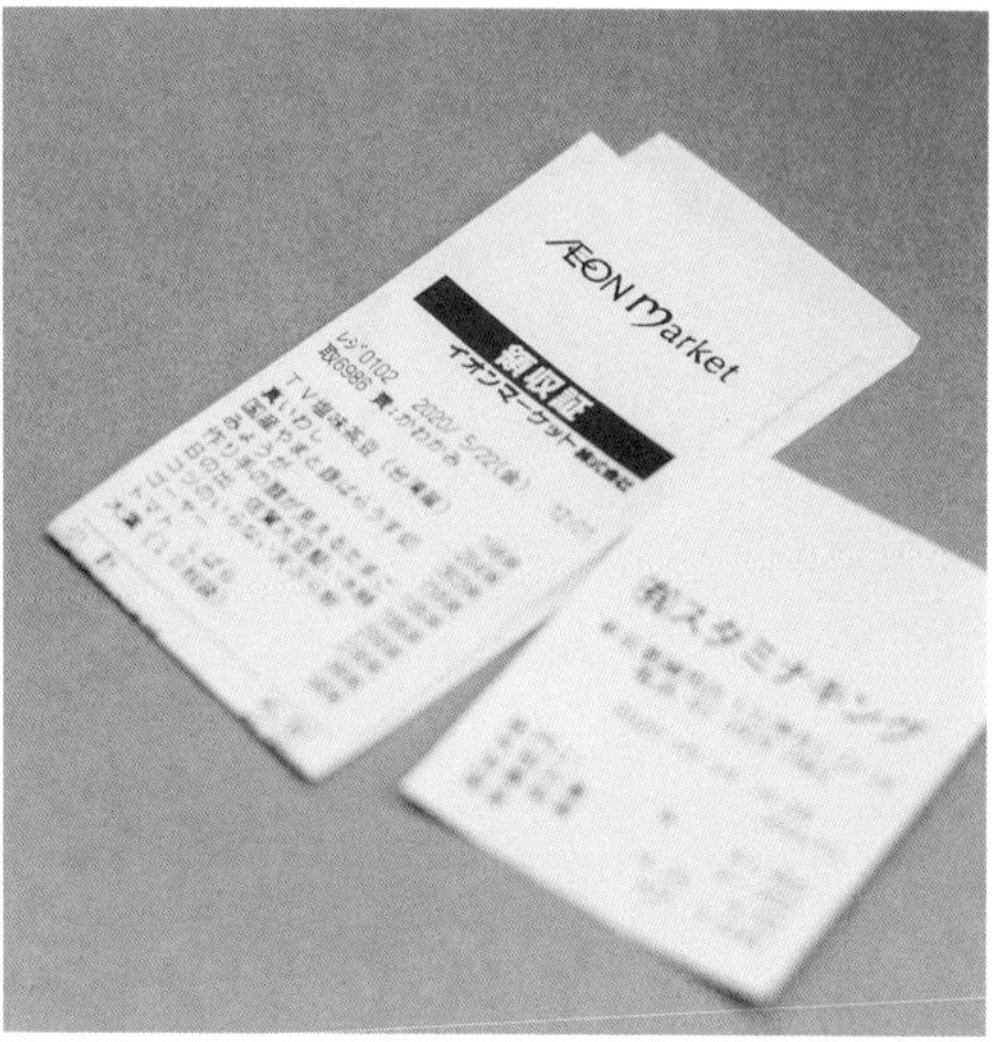

そんな彼女の、ある日のレシートを見せてもらった。

塩味茶豆にマイワシ、国産豚ばら肉の薄切りにみょうが、大葉、たまご、木綿豆腐、コツのいらない天ぷら粉、ゴーヤーにトマト。出来合いがほとんどなく、食材名がずらりと並ぶのは料理をする人のレシートだ。と同時に、失礼ながら意外と普通にも思えた。どれも全国どのスーパーにもありそうな、そして誰のカゴに入っていてもおかしくなさそうなものばかりだ。

聞けば、このうちの半分くらいは「冷蔵庫に入っていないと不安なもの」だという。

「まず卵でしょ（ハナコさんは『卵に貴賤なし』の名言を持つ、無類の卵好き）、冷凍枝豆は、これからの時季は生の楽しみもありますが、必要な量だけ出せて便利だし、なにもつくりたくない日には、これだけむしゃむしゃ食べられるから常備してますね。あと天ぷら粉。これがないと不安になるんです」

なるほど、『ツレヅレハナコの揚げもの天国』という著書をもつ彼女、天ぷらは日常的な料理というわけだ。ちなみに、この『コツのいらない天ぷら粉』一択で、「ほかの銘柄も使ったけれど全然違う！」のだそう。粉の混ぜ具合や、冷水のタイミング、卵は入れるか否か。難しさについ遠のきがちな天ぷらも、失敗いらずの粉を使うだけで、するりとクリアできる。料理のハードルを少しでも低く。それは「楽（らく）」ではなく「楽しい」ほうへ向かうための、ハナコさんの知恵だろうか。

「大葉にみょうが、このあたりは、家にないとほんとうに不安です。青ネギと生姜もそうで、たとえば納豆にしらすとおろし生姜をちょっと入れるだけで、一気においしくなるんです。薬味って偉大なんですよ。なんてことのない食材も、少し手をかけるだけで華やかになるし、ちゃんと喜びを味わえるものになる。薬味のおかげで、1日に3回もそう感じられるって最高ですよね」

スーパーでは、この常備アイテムの補充に加え、目があった旬のものを買うのが彼女の買い物スタイルだ。

「イワシはね、これからどんどんおいしくなるシーズンで、きれいに太ったのを買ったんですよ。一本は塩で焼いて、一本は酢締め、あとは大葉で巻いて天ぷらもいいなぁと思ってたんだった。あとゴーヤーが出てたんです。この〝日の出　佐賀大豆堅い木綿豆腐〟っていうのが、水切りしないで手でちぎれて、沖縄の島豆腐みたいに使えるんです。豚ばら肉も買って、この日はゴーヤーチャンプルーをつくったんですよ。わたし、ゴーヤーチャンプルーがすごく大好きで。いつもだったら、ゴーヤーは一本98円にならないと買わないんですけどね。ほんとうだったら、ちょうどいまごろは3週間くらい石垣島に行っていたはずなんです。きっと島への思いが募ってたんですね……高級なゴーヤーに手を出しちゃいました」

レシートに記された文字が一気に物語を帯び、ただの食材からハナコさんの思いにすり替わった瞬間だった。


取材が行われたのは２０２０年5月下旬。２ヶ月近くに及ぶ緊急事態宣言がようやく解除されたものの、まだまだ社会は不安のもやに包まれ、一寸先も不透明だった時期である。

いわゆるリゾートもビーチアクティビティも興味がないという彼女が、石垣島の豊かな

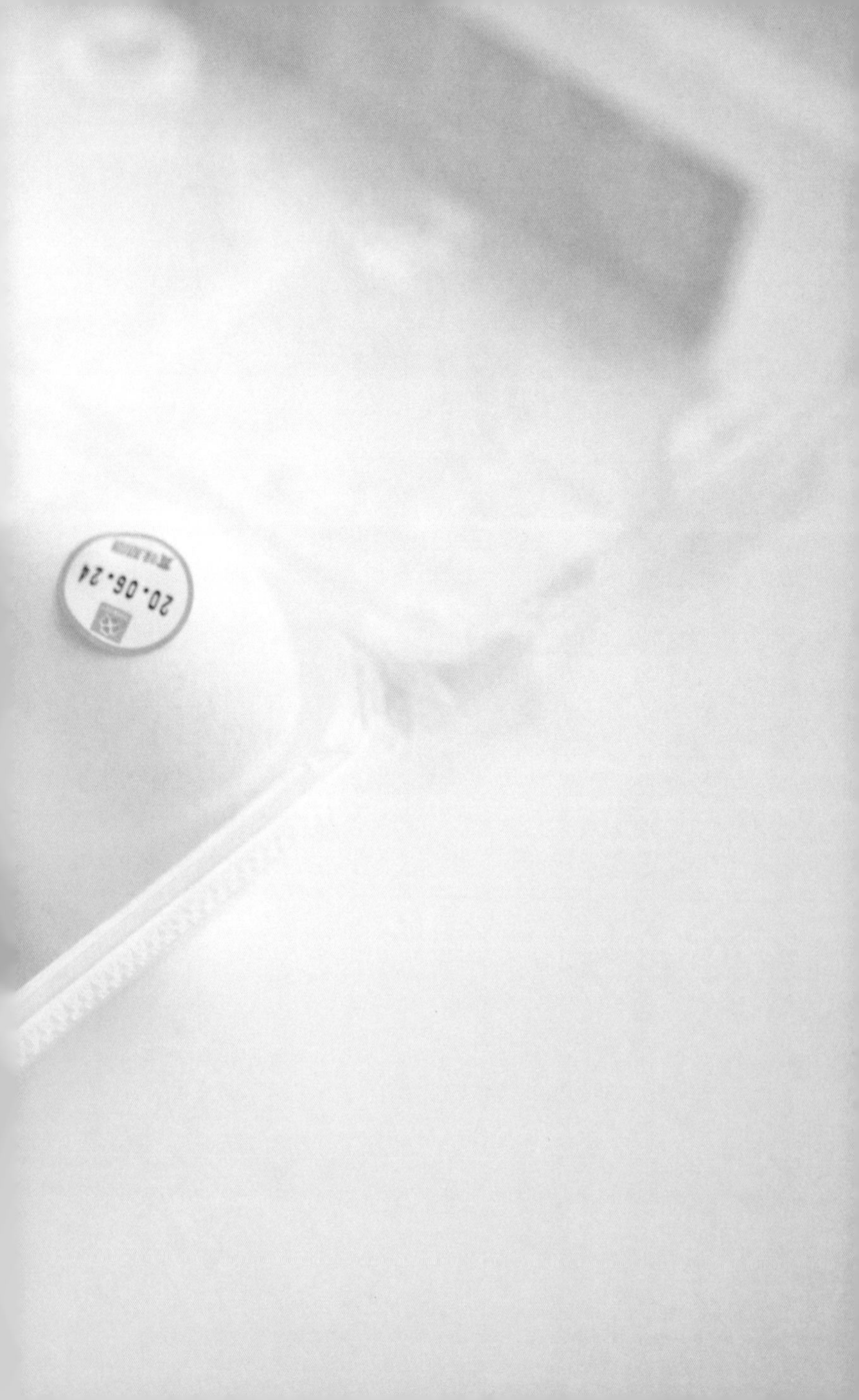
20.06.24

20-06-24

おいしいものとお酒や人に魅せられて10年。年に一度のペースで長期滞在し、島のおいしい記憶をSNSで綴ってきた。スーパーのレシートの行間に、わたしまで石垣の青い海や空が見える。行ったこともないのに。

「いつになったら、飛行機とか電車とか、なにも気にせず乗れるんでしょうね」と、互いに言い合う。この取材も、画面越しだったのだ。

もうひとつ、ハナコさんが見せてくれたレシートがある。十枚近く集まったレシートは、どれもなじみの飲食店のものばかり。

「ぜんぶ、テイクアウトですね。緊急事態宣言が出て通常営業ができず、どこもテイクアウトに切り替えていたときです。こんな短期間で外食のレシートがたくさんあるなんて、やっぱりちょっと特殊な状況だったんですね。普段は多くても週に2回くらい。ましてやテイクアウトを買うためだけにお店に行くなんてありえません。店は、行かないとほんとうになくなっちゃうんです。どれもよく行っている店で、レシートの見た目はいつもと変わらないけれど、全然、意味が違いますよね」

レシートは、その人の大切にしたいものを教えてくれる。

お金を払って受け取るその一枚は、「どこで、何にお金を使っているか」の証だ。
どんなものを食べたいか、ずっとあり続けて欲しいのはどんな店か。わたしには、彼女のレシートが「こんな世界で生きていきたい」という決意表明に見えた。

最後に、ハナコさんが笑いながら教えてくれた。
「最近、家を建てたばかりなので、都内最大といわれる園芸ショップに行ったレシートもあるんですけどね。植木もレモンと山椒とパクチーっていう……ぜんぶ食べ物でした」

ツレヅレハナコ
食と酒と旅を愛する文筆家。雑誌やウェブ、企業とのコラボレーションなどを通じて、レシピ考案やエッセイの執筆などを手がける。

記録に残らない記憶を描く、夏の一日

「ここね、上野にある甘味処です。行ったことありますか？　すごくおいしいんですよ。上野は動物園だけじゃなくて博物館や美術館も集まっているから、見たい展示があると行くんです」

クリーム冷やし白玉に白玉ぜんざい、白玉クリームあんみつ。文字の並びだけで思わず頬が緩む、夏の始まりのある日のレシート。弾んだ声で話は始まった。

おもちゃデザイナーのしげおかのぶこさんは、小学1年生の息子と夫との3人暮らし。部屋におじゃまするると、好きなアーティストの作品や写真集だけでなく、子どもが拾い集めた石や貝殻、それに絵や工作がそこかしこに飾られている。

「あんみつのお店は、何年か前に、息子と博物館に行った帰りにはじめて寄りました。恐竜展だったかな。たまたまを通りがかったらすごい行列で、『おいしそうだね。帰りにまた通ったとき、並んでなかったらいいね』なんて言ってたんですが、帰りもやっぱり行列。

でも息子はソフトクリームがのったあんみつの写真に釘付けで、『待てる、絶対食べたい！』って。うちの子、一度決めたら曲げないところがあるんです。結局、強い意志に負けたんですが、そうしたら、びっくりするくらいおいしくて……！」

以来、上野といえばここに寄るのが家族のお決まりコースになった。翌日のお楽しみ用に、テイクアウトの白玉あんみつを買って帰るのもお約束だ。

「わたしだけだったら、並ぶという選択肢はなかったなぁ。あのとき、息子の『食べたい！』に乗っかってよかったと思いますね」

レシートは、そのあと立ち寄った画材店へと続く。新宿にある画材と文具の専門店は、日本最大級といわれる品揃えだ。

「色鉛筆を選びに行きました。息子が毎日、すごいたくさん絵を描くんです」

これ、と見せてくれた色鉛筆は、ブック型ケースに入った10色入りが3セット。5歳の誕生日プレゼントに贈ったらしい。ずいぶん使い込まれ、すっかり背丈を減らしている。

「ここだと、いろいろなメーカーのものが単品でも手に入るんです。学校のクレヨンも、短くなった色を買い足しました。オンラインも便利ですが、やっぱり道具って手に取りながら選んだり、たくさんある中から自分に合うものはどれか探したりすることも大切なんですよね。息子も、普段使っている赤い色鉛筆が、どうも思っている色とは違ったみたいで、別メーカーのものから、『いい赤があった』って選んでいました。大好きなゴッドなんとかの髪を描く赤なんですって」

「とにかく、好きの熱量がすごいんです」と笑うしげおかさんの言葉にうながされて部屋を見回してみる。部屋のいたるところに貼っている子どもの絵は、どれもアニメのキャラクターだった。わたしも小学生のときに観た、なつかしい国民的アニメ。

「いまは、寝ても覚めてもこればかり。ずっと絵を描いています。休みに入ってからは、さらに描いてますね。あんまり夢中だから、夏休みの宿題の自由研究もこれにする？っ て家族で話して、この日はスケッチブックも一緒に買ったんです。息子が自分で、表紙や紙を見比べながら選んでいました」

これまでの息子さんの絵をいくつか見せてもらった。子どもの絵は、そのときどきの興味が丸ごと投影されていてすごくおもしろい。2年前、奄美大島に行ったときには大自然の景色ばかり描いていたらしい。

「お出かけも旅行も、どこに行くにもこの色鉛筆セットを持っていくんです。旅行も、毎年どこかには必ず行ってたんですけどね。去年と今年は行けずじまいで」

休日の最後をしめくくるのは、近所のスーパーのレシートだ。

刺身用の湯びきマダイにタコ、ホタテ、本マグロ。大人のお楽しみはお気に入りのレモンサワー、パピコや雪見だいふくは子どものぶんだろうか。

「これまでだったら食べて帰るところですが、最近は外食を控えるようになったので。息子がマグロが食べたいって言ったので、じゃあいつもの手巻きにしようって、一度家に帰ってからスーパーに走りました。手巻きといっても、酢飯を使わないふつうのご飯とお刺身を海苔で巻いて、各自、自由に食べるんです。ごちそうの手巻きとは真逆の、むしろ簡単に済ませたいときの定番メニューです。夕方に行ったから、お刺身も半額だったりしてね」

Ozeki
領　収
世界堂
領収
毎度ご利用ありがとう
世界堂会員カードが新し
そのままにチケットが
2021年07月23日（金）
あんみつ
みはし
ご来店ありがとうございます
2021/07/23 14:29:04 < 1, 1>
203 白玉ぜんざい 570
928 クリーム冷やし白玉し 700
114 白玉クリームあんみつ 820
3704T土産：白玉あんみつ 560
"T" 印は軽減税率(8.0%)適用商品
小　計
(10.0%内税商品 計 2,650
内税額 10.0% 1,900)
(8.0%内税商品 計 190
内税額 8.0% 519)
41
合　計
(10.0%対象 2.650
(8.0%対象 2,090)
お預り 560)
お釣り 5.700
3.050
テーブル: 222
担当: 1F
3名 01
RNo. 7140

一気によその家の気配が押し寄せた。

いつもの食卓、いつもの習慣、ごくごく当たり前の光景。でも、家族の枠から一歩外に出ると、ちょっと変わっていたり、うちの当たり前とは違ったりする、そんな空気がわたしは好きだ。

上野で食べるいつものあんみつ。旅行に行かずとも、大好きなキャラクターを夢中で描いた小1の夏。家族だけが知っている、わが家の手巻きごはん。

わたしたちの暮らしのほとんどは、同じような毎日の連なりでできている。けれど、SNSにもスマホのカメラロールの記録にも残らない、繰り返される日常の景色こそ、あとからふと思いだす記憶だったりするから不思議なものだ。

大人になるにつれ、その思いはどんどん濃くなっていく。それなのに制限が多い毎日では、もっと遠くに、ここではないどこかにこそ、この夏の大切なものがあると思いたくなるのはどうしてだろう。

食器棚の一角に、不思議な形の枝が飾ってあった。

「息子が近所の公園で拾ってきたんです。神さまの木を見つけた！って」

大人が見落としてしまう大切なことを、子どもは知っている。神さまは特別な場所じゃなく、すぐ近くにいる。わたしの家の近所にだっているかもしれない。どこにも行く予定のない次の週末も、なんだか楽しみに思えてきた。

しげおかのぶこ
おもちゃデザイナー、「STUDIO pippi」主宰。おもちゃや教材のデザイン、ワークショップなどを通じ、年齢やルールにとらわれない自由なあそびを提案する。

家族をしあわせにする、わたしの好きなもの

キッチンの奥に、香ばしく焼きあがった6個のふくらみが並んでいる。週に一度必ず焼くマフィンは豆腐入りで、ふんわりもっちりした食感がお気に入りのレシピだ。

「木綿3個パック」のレシートは、この材料。

「飽きない性格なのか、同じものを繰り返しつくることが多いですね。このお豆腐マフィンも、何度焼いたかわかりません。家族のためではなく100%自分のため、わたしの朝ごはん用です。昨日も、どうしてもつくりたいのに夕食準備のときに忘れたと気づいて、あわてて買い足したくらい」

会社員として働く坂下真希子さん。自社の焼き菓子やジャムの商品企画に携わるかたわら、趣味の料理やパン屋めぐりが高じて、レシピ紹介のコラムや書籍の執筆も手がけるようになった人である。

毎日必ず行くスーパーや製菓材料、あちこちのパン屋、映画館のポップコーン。おいし

そうなレシートが続くなか、手芸店の一枚があった。

「年末に帰省するので、ワンピース用の生地を選びに行きました。義母は器用で、いつも子ども服と一緒に、わたしの服まで縫ってくれます。今日着ているのも、そうなんです」

坂下さんのブラウスと、隣でくるくると揺れている小さなワンピースは、揃いの緑のギンガムチェック。ゆったりとしたシルエットで、着心地が良さそうだ。

「義母はお友達と一緒に、洋裁クラブのようなことをやっているんです。子どもたちが独立したあと、空いた部屋にミシンを置いて。古い着物をワンピースにリメイクしたり、小物を縫ったりして、道の駅に置いてもらっているそうです。毎週、みんなでわいわい集まって……、楽しそうですよね」

大人のブラウスのほうは、年に3度の帰省のたびに「この袖はもっと長くする?」「身幅を広げてみよう」と、ふたりでああでもない、こうでもないと修正を重ねてきた。そうして、ようやく納得のいく形に仕上がったのは、つい最近だ。

「ここにくるまで10年以上かかりました。壮大な合作プロジェクトです」。

丈や身幅、袖のディテールに至るまで、流行や体型を選ばぬ絶妙な塩梅。Tシャツやカーディガンを組み合わせて通年着られるデザインは、嫁と姑の長きに渡るコミュニケーションの軌跡でもあるようだ。

109シネマズGP 当日券【再】
2021年11月28日(日)
11:40開映(13:40終了)
シアター3
吹替ミラベルと魔法だらけの家
F-2
☆一般
¥1,900(税込)
2021-11-28 14:33
領 収 書
2021年11月28日（日）11:24
商品 単価 数量 金額
＊キャラメルポップコーン M
¥450 1 ¥450
＊印は軽減税対象商品
8％対象 ¥450 内消費税(¥33)
合 計 ¥450(税込)
お 預 り ¥450
お 釣 ¥0
お買い上げありがとうございます。
24時間音声&FAX案内:0570-012-109
14-064502
CHECK&STRIPE
ご来店頂き誠に有難うございます
営業時間：10:00～19:00
www.checkandstripe.com/
まいばすけっと
領収証
営業時間：あさ7時～よる11時
年中無休
2021/12/ 4(土) 18:17
木綿3個パック
小 計
合 計
現 金
お釣り
¥95
¥1,000
¥905
お買上商品数:1
WAON POINT会員募集中!
今すぐ会員登録で、トクにお買物!
[スマートワオン]で検索

熊本に暮らす義母とは、いわく「テンポが合う」。最初こそ緊張し、互いに気遣いあっていたが、実家は温泉地。あっという間に裸の付き合いになった。

「自然と女同士でいろいろと話すようになりました。ご近所さんの畑や、おいしかった料理、そんなたわいもない話が楽しくて。あっちとこっちで離れていても、なにかあると『お義母さん、ちょっと聞いてくださいよ〜』って、すぐに連絡しちゃって、つい長電話に。一緒に台所に立つのも楽しいです。向こうに着くと、義母の『今日はなにつくる?』の一言で、献立づくりから始まります。普段は料理も片付けもぜんぶひとりだから、ふたりでできるのはすごくしあわせです」


日常の料理が嫌になることはありますか? そんな月並みな質問に、「もちろんありますよ」と、さらりと答えてくれた。

「でも、家族にはそれぞれの役割分担があると思うんです。夫は掃除やものづくりが得意。大掃除の号令をかけるのも、古くなったソファを繕ってくれるのも夫です。対して、夫よりもわたしが楽しんでできる家事が料理。一生懸命つくったのに誰も食べてくれないと、つまらなく感じる日もありますが、『やーめた！』とは、ならないですね。だから子どもにも、いまは部活と勉強をがんばることがあなたの役割だよ、と伝えています。お母さんもがんばるから、あなたもねって。あ、これ、息子が宿題をしていないのに『した』って小さな嘘をついたときに言ったことなんですけど（笑）」

「この間はクッキーを焼いたんだよね」と、隣に座る娘さんが教えてくれた。桜貝のような淡いピンク色の缶に、素朴なクッキーがぎっしり詰まっている。花や動物、子どもがよろこびそうな型抜きに、ときどき描かれたスマイルマーク。

「ポップコーンのレシートの日ですね。週末、息子の試験勉強の邪魔にならないようにと親子で映画に行きました。そのあとランチに行くつもりだったのに、劇場でふたりともポップコーンを食べ過ぎちゃって。それで帰宅後、一緒にお菓子づくりをしたんです。このクッキー、すごくおいしいんですよ。甘みはメープルシロップで、ピーナッツバターがポイントなんですけどね……」

料理にもお菓子にも万能の、お気に入りのピーナッツバターの溺愛ぶりを聞いているうちに、彼女自身がおいしい、楽しいという気持ちを大切にしていることが伝わってくる。そこに、子どもの「やりたい」に付き合わされている様子は微塵もない。

義母が楽しみながら走らせるミシンが誰かの喜びに変わるように、ご機嫌につくる彼女の料理やお菓子が、まわりの人たちを笑顔にする。苦手なものをがんばることも、時には必要かもしれない。でも、それぞれが得意なものを持ち寄れば、家族という歯車はうんと軽やかに回るだろう。

楽しそうに生きる親の姿は、子どもにとってしあわせな希望だ。我慢や無理を重ねながら、自分の時間を捧げることだけが子育てではない。坂下さんを見ていると、家族とは互いの楽しみを共有しあう相手なのだと改めて思い知らされる。

二方が窓に面したキッチン。目の前には、桜の木がのびのびと枝を広げている。マンションが建ったときに植えられたのだとすると、樹齢50年くらいだろうか。

春には桜吹雪が舞い込む、この家一番の特等席。そこがキッチンなのは、料理担当への小さなご褒美にも見える。

ここから、自分と家族をあたためる「おいしい」が、これからもどんどん生まれていく。

坂下真希子（さかした・まきこ）
会社員。「アフタヌーンティー・ティールーム」で焼菓子やジャムなどの開発を担当。中学生の息子、小学生の娘、夫との4人暮らし。週末を山梨で過ごす二拠点生活を実践中。

スーパーマーケットに送るラブレター

「もうとにかく、愛していると言ってもいいくらい好きですね。3年前、いまの家に引っ越した理由も、ここが近くなるから。そのぐらい大好きです」

愛の告白ではない。スーパーマーケットの話である。

「すごくコンパクトなスーパーなんです。それなのに、自分がいいなと思うツボをついた品揃えがぎゅっと集まっていて、とても買い物しやすい。いい店です」

スーパーに愛を叫んでいたのは、インテリアスタイリストの矢口紀子さん。

自宅から徒歩1分だというその店のレシートを拝見すると、卵に牛乳、納豆、いちご、豚バラブロック肉に、鶏むね肉、削り節に醤油。なるほど、たしかに冷蔵庫のスタメン選手から季節の果物、調味料まで、食材の大半をここで揃えているのがわかる。

「この日は9000円を超えているから、ひとり暮らしのレシートとしては、なかなか高額ですよね。日曜日でしょう、ポイントが10倍なんです。だから、2日前にも行きましたが、その日はすぐに食べるものだけ。日曜日は、生鮮品だけじゃなくてちょっとストックしたいものも買いました。純米酒も買ってますね。ここはお酒の品揃えもいいんです」

このスーパーは、かれこれ10年以上、いまの家に住む前から足繁く通っている。以前の住まいは、猫と暮らせる条件で選んだテラスハウス。味わいのある古さも好ましく、駅もいまよりずっと近く便利だったけれど、いかんせん、とにかく寒かった。

「室内なのに息が白くなるくらい。猫がいなくなってからは、機会があれば引っ越したいと思っていましたが、更新の時期に合わせるとなかなか見つからなくて。結局、タイミングを気にするのをやめたら、ポンと見つかったのがここでした」

毎日決まった時間に出社する会社員ではないとはいえ、駅からずいぶんと離れた立地には迷いもあった。しかし、大好きな店が近くなる。そう、決め手はスーパーだった。

はまさき999円。この明細はなにかとたずねたところ、みかんの名前らしい。

「はまさきっていう品種のおみかんです。一個100円ちょっとするので、高級みかん。あるとき試食をしたらすごくおいしくて、ここ2年くらい買っています。とにかく甘くてみずみずしくて、味がいい。色も濃くてね、きれいなんですよ。なかなか勇気が出ない金額ですけど、ジュース一本を飲むような気分で、ちょっとした贅沢です。ほら、ひとつむいてみましょうか、見てください、皮も薄くてね」

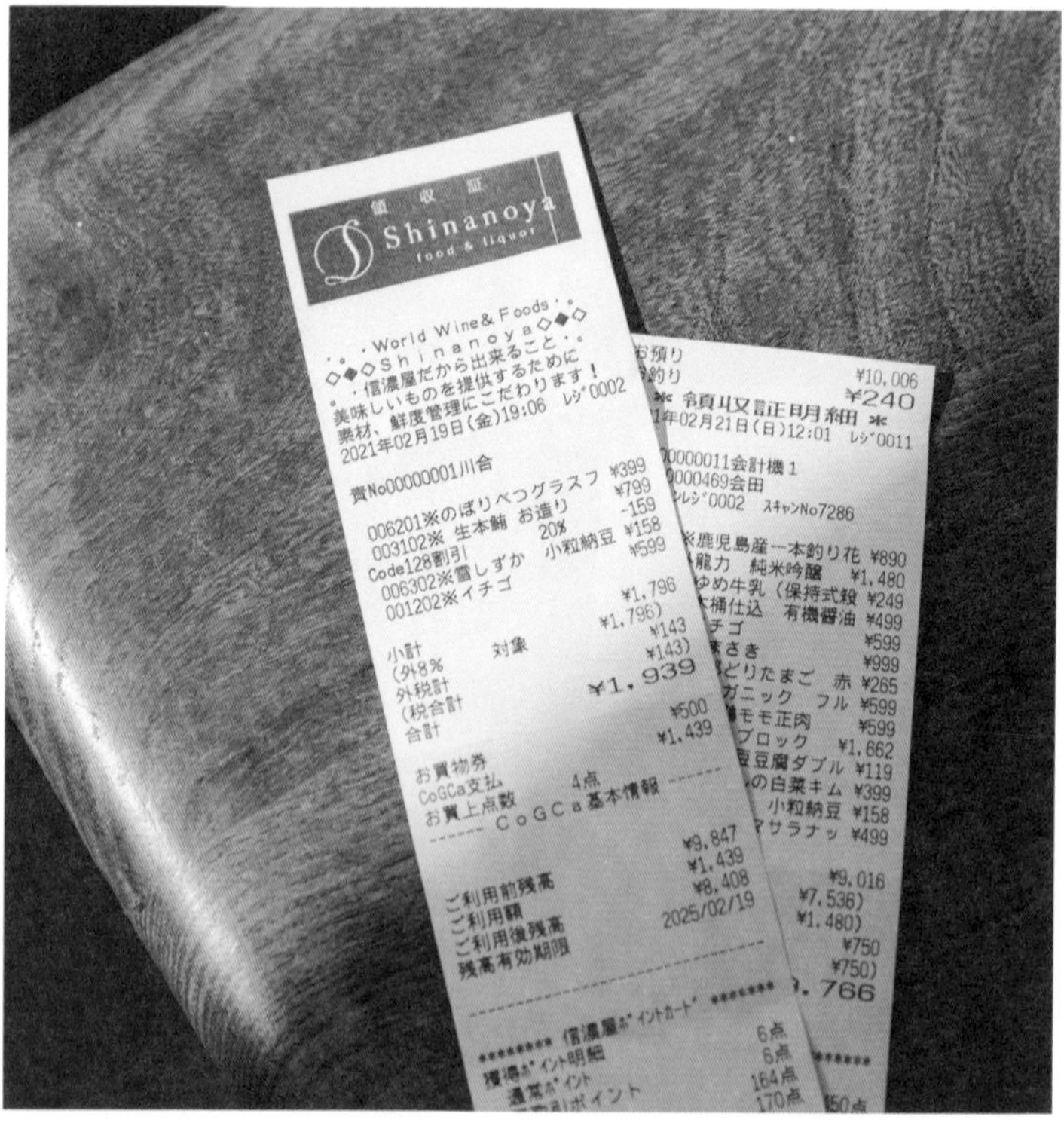

領収証
Shinanoya
food & liquor
World Wine& Foods
Shinanoya
信濃屋だから出来ること
美味しいものを提供するために
素材、鮮度管理にこだわります！
2021年02月19日(金)19:06 レジ0002
責No00000001川合
006201※のぼりべつグラスフ ¥399
003102※ 生本鮪 お造り ¥799
Code128割引 20% -159
006302※雪しずか 小粒納豆 ¥158
001202※イチゴ ¥599
小計 ¥1,796
(外8% 対象 ¥1,796)
外税計 ¥143
(税合計 ¥143)
合計 ¥1,939
お買物券 ¥500
CoGCa支払 ¥1,439
お買上点数 4点
CoGCa基本情報
ご利用前残高 ¥9,847
ご利用額 ¥1,439
ご利用後残高 ¥8,408
残高有効期限 2025/02/19
信濃屋ポイントカード
信濃屋ポイント明細
獲得ポイント 6点
通常ポイント 6点
164点
170点
お預り ¥10,006
お釣り ¥240
＊領収証明細＊
02月21日(日)12:01 レジ0011
00000011会計機1
0000469会田
レジ0002 スキャンNo7286
※鹿児島産一本釣り花 ¥890
純米吟醸 ¥1,480
ゆめ牛乳（保持式殺 ¥249
木桶仕込 有機醤油 ¥499
¥599
¥999
どりたまご 赤 ¥265
ガニック フル ¥599
モモ正肉 ¥599
ブロック ¥1,662
豆腐ダブル ¥119
の白菜キム ¥399
小粒納豆 ¥158
マサラナッ ¥499
¥9,016
¥7,536)
¥1,480)
¥750
¥750)

流れるような口調でみかんの魅力が次々にあふれだす。さながらデパートの実演販売だ。なるほど、ジュース一本を飲むと思えば、とその例えに納得しながら、気づけばわたしを含めその場にいる全員がノートやスマホに「はまさき」とメモしていた。

冷蔵庫から出てきた肉のかたまりは、レシートにあった豚バラブロック。塩をすりこんで、そろそろ一週間。今夜あたり白花豆と一緒に煮込む予定でいるという。袋の口を留めていたシンプルなクリップが気になっていると、その便利さと、いかに愛しているかをまた、引き込まれる話術で。

じゃあ、と煮込み用に戻している豆を見せてもらえば「この豆、新豆でね。お正月に買った黒豆がびっくりするくらいおいしくて、ほかの豆はと調べてみたら……」と話はどんどんと広がる。煮込む鍋はというと、20年来愛用している古い電気鍋。もちろんそこにもまた、思い入れがたっぷりある。

ロケバスのスタッフと食べた焼き鮭弁当は、「おかずはもちろん、ごはんも漬物も、すみずみまでおいしい」と評し、いかに心まで満ち足りるかを伝えるし、IKEAのレシートを手に取れば、おなじみの定番チョコレートの好きなところをしあわせそうに語る。レシートのどれをたずねても「これはね、」と楽しげに話しだすのだ。まるで、一番の宝物を教えるかのように。

ありていに言えば、「身の回りをお気に入りで満たしている」という話なのかもしれない。でも、お気に入り、こだわり、愛用品。どの言葉も、なんだかしっくりこない。やがて、ようやく行き着いた答えは「愛情」だった。

矢口さんはあらゆるものに、「わたしはこんなところが好き」という視点がある。それは、デザインがいいとか便利だとか、どれにでも当てはまる言葉ではなく、「これにしかない、こんな良い一面」をぴたりと見極める愛情だ。わたしはそれをラブレターのようだとも思う。

矢口さんは、ほかの人が気づかない小さな光を見つける達人だ。

いまの家は、古さと清潔さが同居して、そのありそうでない塩梅がとても気に入っているのだと教えてくれた。建具の色、収納のつくりの丁寧さ。「いたるところが、きちんと考えて大切につくられているんですよね」と、ひとつひとつを愛おしむ。

ただ一点難を挙げるとすれば、冬のリビングに日が差す時間が短いこと。けれど、その限られた光を存分に楽しみたい気持ちのあらわれだろうか。窓辺にガラスのオブジェや小物を並べるようになった。どれも光を受け、美しくきらめいている。

「これはボヘミアガラスで、チェコに行ったときのものです。屑ガラスだと思いますが、きれいで惑星みたいなんですよ。こっちはずいぶん前のスノードーム、このドライフラワーのペーパーウェイトも好きなんですよね」と、これまた愛情が止まらない。

では矢口さん、この貝殻は？

「あぁそれ、居酒屋で食べたアワビです。一昨年の忘年会だったかな。いいでしょう、ほら、キラキラして。あんまりきれいだから、持って帰ってきちゃいました」

ほらやっぱり。矢口さんはいいところを見つけるのが上手な人だ。

矢口紀子（やぐち・のりこ）

インテリアスタイリスト。雑誌や広告、カタログを中心に活躍。愛情にあふれたものえらびに定評があり、デザイナーズ家具から民藝、作家の手仕事まで、知識と興味は多岐にわたる。

豚肉、鶏肉、かぼちゃにレバー。
いとしの君につくるごはん

ヨーグルトに有機冷凍いちご、かぼちゃ、角切り豚に鶏むね肉、豚レバー。食材は国産を選ぶ、というのがルールらしい。とはいえ、よく行く2軒のスーパーは、わたしもなじみのある全国チェーンの店である。週に一度、まとめ買いをするのがお決まりだそうだ。

「大学生の息子は留学中だし、高校生の娘は夜遅くまで塾。帰宅後に食べるのは気になるみたいで、最近は友達と夕飯を済ませてから塾に向かっています。だから家でごはんを食べることがほとんどないんです」

天然素材や手仕事の魅力を伝えるブランド「ヨーガンレール」で23年に渡りプレスを担当する武 安輝子さんのレシートだ。

創業者、そしてデザイナーでもあったヨーガン・レール氏は、自然を敬い、共に生きる哲学をつらぬいた人である。長年、それを間近で学び、受け継いできた彼女にとって、食は暮らしの基本。夕飯を家で食べない娘には、弁当と朝食で親心を注ぐ。
「特に朝はしっかり腸活させようと、甘酒と豆乳、冷凍いちご、ヨーグルトでスムージーをつくります。腸が元気なら免疫力も上がるそうです。ここに、腸にいいと評判のオリゴ糖を加えるのが最近の定番。効果も大事ですが、いいものが体に入るって素直にうれしいですよね」

それにしても、レシートにある肉の量が気になった。豚に鶏、レバーも入れて、この日は9パック。子どもたちが食べないわりにはいささか多すぎる。
「ほとんどの肉は、犬のため。ごはんは自家製なんです。鶏むね肉と豚肉の赤身に生ダラやレバーなどを合わせ、かぼちゃや大根と一緒に蒸してから、炊いたごはんをつぶして混ぜます。ブロッコリースプラウトも入れていますね。たくさん使うから、見切り品コーナーを最初にチェックしちゃいます」

一食につき240グラム、これを一日2回。ラップに包まれたごはんを、冷凍庫から取り出し見せてくれた。犬にとっては大ごちそうだろう。おいしそうだなぁと思っていたら、それを察してか「人間がつまんでみたら、おいしくなかったです」と武さんが笑った。

栄養たっぷりのレシピは、かかりつけの獣医直伝のもの。犬の食事は手づくりに、という考えの先生に出会ったのがきっかけだ。

「ずいぶん昔、ヨーガン・レールが飼っていた犬の調子が悪かったとき、あちこち病院をハシゴし、最終的にたどり着いた病院です。正しい病名と原因がそこでやっと見つかりました。だから、わたしもいつか犬を飼うときは、絶対にこの先生に診てもらおうと決めていたんです。犬は話せないから、少しでも様子がおかしいと病院へ連れていかなくちゃいけません。医療費もびっくりするくらい高額。だからではないけれど、やっぱり健康でいてほしいです。手間はかかりますが、どんな肉や魚が入っているのか直接わかる安心感があります」


ヨーガン・レール氏自身も、沖縄で米や野菜をつくりながら自給自足の暮らしを実践していたという。からだの不調や愛犬の病を経験し、より健やかに暮らす道筋として食の大切さにたどり着いたのだ。

「彼の思想を近くで見聞きしていたので、やっぱり影響を受けていると思います。でも、彼のように完璧には難しいし、すべてをそのまま家でも、というわけでもないんです。ベジタリアンも家にシェフがいれば楽しく続けられるかもしれませんが、自分でつくるとなると苦になっちゃう。お肉も食べますし、今日は疲れたからピザ！　なんてことも、もち

ライフ
領 収 証
2022年07月05日(火)19:21 レジ0632
No061201141湯浅ナ
登録機 0132 登録No6929
＊桃 ¥1,000
＊玉ねぎ ¥258
＊サーモントラウト切落し ¥398
シール割引 30% -120
＊北海道産大豆小粒納豆 ¥109
＊おいしい半熟味付煮玉子 ¥319
＊南瓜国産 ¥343
シール割引 50%
＊南瓜国産
シール割引 50%
＊アサヒコ国産大山阿夫利揚
スキャンNo9428
クリーンラップ30cm×100m

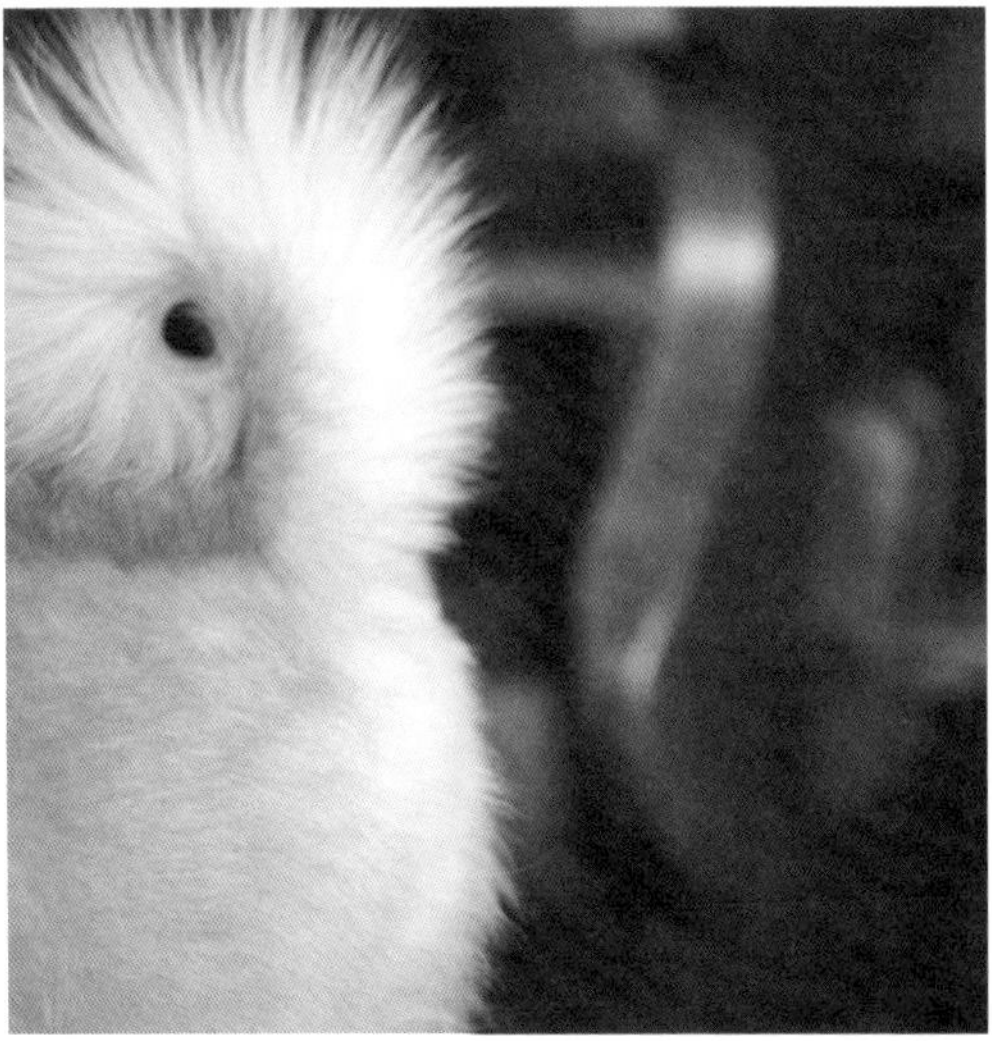

ろん。食材も、全部にこだわるとエンゲル係数が上がっちゃって大変だから、近くのスーパーで揃えられる範囲です。コストコも好きだし、最近はスーパーのプライベートブランドにも、オーガニックのものが増えましたよね」

子どもがファストフードで夕飯を済ませる日もあるし、それをとがめることもない。あの店のハンバーガーがおいしかったと聞けば、どれどれと食べに行くこともある。

「一応、子どもたちには、これはこういうものだとは伝えます。たとえば気に入っているオリーブオイルなら、それがどこで、どんなふうにつくられているのか。でも、聞いているんだかどうだか。いまはそれでいいんです。20年後、30年後に自分でものを選ぶときに、思い出してくれたらうれしいですけどね」

犬を飼うことはずっと決めていた。実家でも犬と暮らしていた武さんは、生き物と暮らすしあわせをじゅうぶんすぎるほどに知っていたからだ。

「子育てが落ち着いたら、絶対にまた飼おうと思っていました。ただ、犬がいると長期の旅行に行けないんです。だから最後に、卒業旅行だねって家族4人でインドに行きました。息子が12歳、娘が8歳のときです」

ほどなくして保護犬を迎え入れた。薄茶色の毛並みは、インド帰りの親子にはチャイの色と重なった。

「チャイ」が来て、ちょうど10年。家族が増えて、なにが変わりましたかと聞くと、「博愛精神」と、きっぱり。

「もうね、犬に生かされています。犬がかわいいと、どんな生き物もかわいく見える。まさに博愛の精神です。子どもたちにとっては、どうかなぁ。でも息子が反抗期のとき、こちらが『おかえり』って声をかけても返事ひとつしないのに、ふてくされた様子ながらも無言で犬を撫でながら通り過ぎていたんですよ。それを見て『あぁ、大丈夫』って思ったのを覚えています。親にはにっこりできなくても、子どもなりに癒されていたのかもしれません」

「ぜひ仲良くなってあげてください」と、チャイをわたしたちのもとに連れてきてくれた。おやつにと手渡してくれた赤ちゃん用の無添加ボーロには、わたしもよく行くスーパーのマークがついている。

手のひらを口元へそっと差し出す。あったかくてくすぐったい感触とともに、ボーロは一瞬で消え、チャイはわたしをちらりと見て、あっさりキッチンのほうへ行ってしまった。

キッチンでは武さんが、今朝焼いたバナナケーキを切り分けている。

「このバナナも見切り品。すぐ食べるものだし、ケーキには熟しているほうがおいしいんですよ」

実のところ、おじゃました瞬間から、ケーキを焼く甘いにおいにソワソワしていたわたしは、分厚くスライスしてくれる様子を見ながら、その豊かさのありかについて考えた。

手づくりだから豊かなのではない。原料が国産か、オーガニックかという話でもないだろう。大切なのは、自分で食べるものを「自分で選ぶ」ということ。

自分の体——彼女にとっては、愛犬チャイも含めて——を人任せにせず、責任を持つ。それは、自分の生き方を自分で決めるための、小さくも確かな一歩だと思うのだ。

武 安輝子（たけ・あきこ）

「ヨーガンレール」「ババグーリ」プレス。パリで美術史を学び、吉井画廊で研修生として働いたのち帰国、現職に就く。

01

パンとバターと目玉焼き、わたしの理想の朝ごはん

買ったもの
雪印　切れてる北海道バター　250円
セブンプレミアム　フレッシュ新鮮たまご10個　318円
（近所のセブンイレブンにて）

蒸篭の蓋を取ると広がる、小麦のあまいにおい。食パンは蒸して食べるのが好きだ。スーパーに並ぶふつうの食パンも、湯気はごちそうに変える。
パンには、まだちょっと固いバターをのせる。あったかいパンに冷たいバター。表面がほんの少し溶けたところに、手づくりのジャムをとろんと添えるのもいい。ジャムづくりはわたしの数少ない趣味のひとつで、今日は、いちご。

生協で買ったマーマレードとチョコレートペーストも並べ、みながそれぞれ、思い思いに塗ったりのせたりしながら食べる。ひとくちごとに、次はどれかと選べるのがうれしい。

それから、目玉焼きと野菜たっぷりのスープ。ヨーグルトには、自家製のグラノーラを入れる。子どもたちは牛乳、大人は挽き立てのコーヒー。

週末のわが家の、いつもの朝ごはん。

もしかしたらこれは、わたしの理想の食卓であり、あこがれてきた景色なのかもしれない。


いつもより寝坊した日曜日の朝。すでに夫が朝ごはんの準備を始めている。キッチンから「バターが足りないかも！」と声が飛んできて、あわててパジャマのうえにカーディガンを羽織り飛び出した。生協を利用していると、こんなことは日常茶飯事だ。注文し忘れたり、うっかり2個届いたり。

最寄りのセブンイレブンまでは歩いて3分、自転車で1分。今日は自転車で行った。一目散に冷蔵コーナーに駆け寄り、バターを探す。最上段の端っこに、マーガリンが3種類とチューブ入りのバター、固形のバターは1種類だけだった。

バターは結構高い。１００g入りの小さなサイズが２５０円という事実に少しひるみながらも、マーガリンよりバターがいい気がして、そちらを手に取った。10gごとに切れ目が入ったバターのパッケージ。

ふと見ると、卵が売っていた。鳥インフルエンザの影響で、生協での卵の配達が隔週になっている。次の配達日は届かないはずだ。スーパーも、夕方に行くとすっかり売り切れる日が続いている。迷わずこれもつかんでレジに向かった。


家に帰ると、リビングは昨夜、部屋干しした洗濯物がぶら下がり、足元には新聞紙でつくった剣や槍、手裏剣が散乱している。片付けてと言おうとしたら、散らかしの主である小さな忍者はまだ布団の中らしい。

さっき買ったバターと卵を夫に託す。それを見た娘が、「目玉焼きつくりたい！」と、張り切ってコンロの前に立った。料理にはまっている娘は、ことあるごとに台所に立ちたがる。自立心を育てたい親心と、時間もかかるしアシストが面倒だと思う気持ちが毎度せめぎ合うけれど、今日は日曜日。「かあかのぶんは半熟がいいな」とリクエストを伝え、そしてまた、剣や槍や手裏剣をまたぎながら今度は寝室に向かった。

電気をバチンとつけ、ダンゴムシのように眠る息子の布団をひっぺがした。隠れ蓑の術、破れたり。

「パンが冷めるから早く」と息子を急かす向こうで、キッチンからは、娘の大騒ぎする声が響いている。

やっとのことで、朝ごはんのはじまりだ。

娘が焼いた目玉焼きは黄身までカチカチで、ちぐはぐな皿に載っている。わが家にコーヒーを淹れるドリップポットはなく、10年前に景品でもらった電気ケトルを使っているし、豆も産地や店の名前を特筆するものではない。子どもたちが飲んでいる牛乳のカップはドーナツショップの景品で、ポケモンのキャラクターがついている。

SNSをひらけば、理想的な朝の食卓が広がっている一方で、こちらとら別世界である。

それでも、子どもが焼いてくれた目玉焼きはピカピカと輝いて見えるし、挽きたてのコーヒーの香りは最高だ。夫はこの古いケトルで温度と注ぎ具合をうまく調整しながら好みの味に淹れてくれるし、10年も使えば愛着もわく。子どもたちがお気に入りのカップを持っている様子は愛おしく、それ自体が子育ての物語の一部だろう。

バターを選んだあの瞬間、わたしは確かに家族の顔を浮かべていた。

理想の食卓というと、思い浮かぶ風景がある。「大草原の小さな家」の、ローラたちの食卓だ。とうさんが捕らえた獲物を使った肉料理、かあさんがつくるジャムやパンケーキ、子どもたちも手伝う自家製バター。自給自足に憧れがあるわけではない。すべてが手づくりの暮らしを良しとするつもりもない。

喜びも悩みも分かち合いながら、同じ食卓を囲む。豪華ではなくとも、自分たちがおいしいと思うものを、必要なぶんだけ、ときに手を動かしこしらえながら、感謝して味わう。

それは食卓が照らし出す、家族の生き方だ。


理想とは、遠い場所にあるものだと思っていた。あこがれは、誰かに「すてき」と言われることで成立するのだとも思っていた。けれど、自分で焼きたいという子どもを制して、美しく完璧な目玉焼きを仕上げたところで、わたしはしあわせになんてなれないだろう。

もっと、もっとと手を伸ばし求めた先にあったのは、いまの暮らしだった。欲しかったものはもう、食卓に並んでいる。

レシートから伝わる「家族」

大切なものは、きっと普段着の顔をしている

「この産直のお店によく行きますね。食材も地元のものが揃うし、お正月のお飾りの松も、庭に植えるハーブの苗もここで。こっちの製麺所は、お気に入りの平太麺がときどき並ぶので、見つけると必ず。焼きそばにするとおいしくて、家族みんなのお気に入りです」

よく行く場所の、普段のものばかりというレシートが、話を聞いているうちにオンリーワンの暮らしにかたちを変えていく。この場所で生活している空気が、ほんのり伝わってくる。

「ここは海も山も近いから、季節がめぐるのを感じられるのがいいですね」

そう話すのは、神奈川県の海辺の街、逗子に暮らす料理研究家の中川たまさん。

運転免許を持たない彼女にとって、自転車でも動きやすい平坦な地形だとか、都内へのアクセスの便利さだとか、好きな理由はいくつもある。けれど、なにより一番は「わたしがマイペースにいられる場所」だから。

この街に暮らし、18年になる。

出身の兵庫県から、結婚を機に上京。都心で子育てをしながら、ふと、これからについて考えた。

「娘の幼稚園を探しはじめたとき、もう少しのんびりとした場所でもいいかなという気持ちになりました。葉山には何度も遊びに来ていたので、なんとなく土地勘もあるし、逗子もいいなと思ったんです」

以来、引越しを重ねるも逗子を離れることはなく、いまの住まいは5軒目。とうとう家を買った。庭には梅と桜の木。リビングから続くウッドデッキは、夫が中心となり家族でつくった力作だ。

「この家に越してきて落ち着きだした矢先に、世の中がガラリと変わってしまい、家での時間が増えるようになったんです。去年の春は、家族で庭に出て過ごすことが多かったですね。気分が変わるし助かりました」

コロナ禍で、家族との時間が増えた人は多いだろう。しかし彼女の場合は、大きく変わらぬ日常でもあるらしい。

レシートのなかには、そんな時間がいくつも残されていた。

「海沿いのカフェとレストラン、この2軒はよく行くところです。カフェといってもファミレスみたいなお店だけれど、テラス席が広くて気持ちがいいので、家族でちょっとお出かけといったら、たいていこのあたり。元旦もここでしたね。夫は2日から仕事なので、お雑煮や簡単なおせちでお祝いをしたあと初詣に出かけて、海を見て帰るのが、家族で過ごす元旦のお決まりなんです。軽くお茶しに入ったつもりが、娘はいつもパスタやらドリアやらを注文するから、この日もひとりランチセット。それで夕飯も食べちゃうからびっくりします」

大学生の娘は、母親はもちろん、父親とふたりで映画にも買い物にも出かける。両親のクローゼットから洋服を拝借することもあるそうだ。

「そういえば、反抗期らしい反抗期はなかったかもしれませんね。最近はそんな子が多いのかな。まわりを見ていても、男の子も女の子も、みんな優しい気がします。友達みたいな感じで」

箱根駅伝の往路中継を見届けたあとは、娘とふたりで買い物に出かけた。電車とバスを乗り継ぎ、古着屋をのぞいたり、ショッピングモールを歩いたり。ややこしいバスの乗り換えは、しっかりものの娘がスマホ片手にスイスイ調べながらアテンドしてくれる。道中の車内では、娘が差し出す片方のイヤホンを耳に、肩を寄せあってお笑い動画に夢中になった。

そんな話をしていると、くだんの娘さんが顔をのぞかせた。いまは大学の講義もオンラインとなり、自宅で受けているらしい。「お腹すいた〜。これ食べちゃっていい?」冷蔵庫に首を突っ込み、撮影の残りのチーズケーキを見つけたようだ。

娘さんに聞いてみた。

「お母さんとお出かけするのって、どんな感じですか? 楽しい?」

うーんと少し考えたあと、「うん、好きかな。だって、おいしいもの食べられるし」。ふふと笑いながら答えたその返事が、とても好ましかった。彼女くらいのころのわたしは、母の来客があると自室から一歩も出なかったと思い出しながら、授業へと戻る後ろ姿を見送った。腰まで伸びた髪が揺れている。小学生のころからずっと、フラダンスを続けているのだと中川さんがおしえてくれた。

彼女がくり返し「変わったことも、めずらしい場所もなにもない」と話していたレシートの重なりと、それらが伝える、この地への愛着や家族との時間、子どもとの距離。

いま、なんでもないような話のひとつひとつが、わたしの心をじんわり温めているのはなぜだろう。

日常のひだにこそ、ここにしかない潮の香りと、いましかない時間が満ちている。大切なものほど、光り輝くよそゆきの姿なんてしていないのかもしれない。普段着姿で、当たり前のようにそばにいる。

歌うような鳥のさえずりにハッとした。窓の向こうへ目をやると、小さな鳥がすぐ目の前まで来ている。

「メジロかな。このあたりは、夜になるとフクロウの鳴き声もすごいんですよ。アライグマもいるし、庭にはモグラも。去年の夏なんて、明日には収穫できそうだと楽しみにして

いたトマトが誰かにすっかり食べられちゃって。しかも、ちゃんと皮とヘタだけ残してあったんです。ひどいですよね」
言葉とは裏腹に、中川さんの顔はとても愉快そうだ。
ここにしかない大切な時間をまたひとつ、見せてもらった気がした。

中川たま（なかがわ・たま）
料理研究家。神奈川・逗子在住。季節の食材や果実を生かした、家庭でもつくりやすいシンプルな料理を手がける。

風吹けば、六十の手習い

玄関を開けると、中央の廊下を挟んで両側にひと部屋ずつ。廊下を進んだ先に、キッチンとリビング、ダイニングがある、ごく一般的な間取りのマンションである。

しかし、リビングに足を踏み入れると、想像していた以上にやわらかな光と、落ち着いた空気が印象的だ。

「ペンキのせいかもしれません。もう25年以上になるのかな。新築のマンションだったのに、かみさんがもとの白い壁紙を剥がしてね。ひとりでせっせと塗ってましたよ」

若いころから少しずつ、そのときどきの好きなものを選んできたという部屋には、白いカバーリングの3人掛けのソファや、6人はゆうに囲める無垢材のダイニングテーブル。どちらも、「どんと大きいものがいい」と思い切ったもので20年、30年と使い続けてきた。

この部屋に暮らす、会社員の紺野匠次さん。2年前に定年を迎え、現在は同じ職場で嘱託社員として働いている。

雇用形態が変わってからは、帰宅時間がぐっと早まった。彼のデザイン業は不規則で、少し前の時代には深夜まで働く日も少なくなかったが、いまは18時には退社し、スーパーに寄って帰宅する。そのサイクルが、ちょっと新鮮でもある。

そんな彼の、いつものレシートは。スーパーは、新鮮な野菜が豊富な店と、家のすぐ目の前にあり便利な店、2軒を使い分けている。買うものはたいてい決まっており、鳥もも肉や豚バラ肉に、朝食の食パンやシリアル、そして好物の甘いお菓子、ときどきビール。ごはんは4、5年前くらいから炊くのをやめてしまったらしい。少量パックの存在を知ってからは、その過不足ない量と味に満足しているようだ。

さらにコンビニレシートが三枚。すべて同じコンビニ、同じ明細である。ペットボトルのスポーツドリンクだ。

「空手の稽古に行く前ですね。仕事帰りだったり、土曜日だったり。これはちょっと大きめの600mlで、稽古の間に飲み切れるちょうどいい量なんです」

まったくの未経験から空手を始めたのは59歳のとき。後押ししたのはコロナ禍だった。

「それまでも、知り合いから誘われていたんです。ただ、運動なんてほとんどやったことがないし、格闘技も興味がない。自分には違うと思っていました。でも在宅ワークが始まり、体重がいままでの人生でマックスに。これはさすがにやばい、年齢的にも60歳直前だしと始めてみることにしました」

若いころと歳を重ねてからとでは、新しいことに踏み出す一歩の重みが違う。わたしは勝手にそう思っていた。しかし、歳を重ねたからこそ、気楽に始められるものらしい。

「続かなかったら辞めりゃいいや、くらいの感じだったんですよね。若いときは、やるならちゃんとやりたいと思っていたし、うまくできないと落ち込むじゃないですか。格好もつけたいですし。でもこの歳なら、できなくても仕方ない。こんなもんかと思えます。それよりも一番は健康のためですから」

いまは週2、3回、月にして12回の稽古に励むほど、すっかり空手に夢中だ。インテリアのアクセントだと思っていたリビングの大きな鏡は、形の自主練にもおおいに活躍しているらしい。

体重も減り、打ち込める趣味も見つかった。しかし、それ以上によかったと思えるのは、新しい居場所を持てたことだ。

「このくらいの年齢になると、新しい環境ってなかなかないものです。知り合う人も少ないし、世界がどんどん狭くなっていく。でも空手に行くと、子どもから大人まで、いままで接点がなかったような人とも話すようになりました。世間話程度ですが、それでも通い

FamilyMart
2022年12月10日（土）
レジ 6-4575
領 収
グリーンダカラ
合 計
8％対象
内消費税等
QUICPay支払
FamilyMart
2022年12月 8日（木）18:39
レジ 7-3571
領 収 証
責No.999
グリーンダカラ
合 計
8％対象
内消費税等
QUICPay支払

続けているうちに、家と会社以外に、もうひとつ居場所ができた感覚があります。年齢的にも自分から積極的に動かないと、広がらないどころかちっちゃくなっていく一方でしょう。空手をここまで続けられているのは、そういう気持ちと、あとは独りになった身軽さもあるのかもしれないですね」

紺野さんは仙台から上京し、美術大学に進学。そこで同級生だった女性と26歳のときに結婚した。その妻を、3年前に亡くしている。

「肺がんでした。病気がわかってからは2年半だったかな。その間はやっぱり治療が生活のベースにありましたし、仕事も続けていたので必死でした。それが終わり、なにか新しいことを見つけないとダメかな、別の居場所があったほうがいいのかなと思うところがあったのだと思います」

しかし、しばしの沈黙のあと、少し考えながら彼は「いや、逆かな」と、つぶやいた。

「新しいなにかを見つけないと、という気持ちより、そういうこともできるんだ、というほうが大きかったかもしれません。それまでは、連れ合いが闘病していると新しくなにかを始めようなんて気持ちになれないし、なったとしても行動には移せない。自分の優先順位はどうしても低くなります。でも、いまは『やりたい』と思ったら、やっていいんだと思えたんです」

紺野さんが、窓の向こうを指差した。

「ここから見えるんですよ。あの病院にあるホスピス、積極的な治療をやめてからは、あそこにいたんです。1ヶ月くらいかな。近いから助かっていました」

わたしも、窓の外に目をやる。このダイニングテーブルからの景色を、彼はどんな思いで見ているのだろうか。想像すると、胸が詰まった。

「3年が経ち、ずいぶん気持ちは落ち着いてきました。それでもふっと思い出す瞬間はありますし、悲しみは消えないんじゃないかな。それに、いろいろな後悔はずっと残るものだと思います」

紺野さんは、思い続けている。もっと時間をつくってやれたのかもしれない、仕事より優先できたことがあったのではないだろうか。後悔は尽きない。そして、その気持ちに折り合いもつかないのだと。

「率直にいえば、最後の半年くらいはイライラする気持ちもありました。新しい薬を試して、効果に一喜一憂して。その繰り返しなんです。先が見えず、これがあとどのくらい続くんだろうと思う一方で、そんなことを思う自分も嫌になる。いまは、自分のことだけを考えられるようになりました」

キッチンをのぞくと、ガスレンジのそばにパッチワークの鍋つかみが掛かっていた。シックにまとまったインテリアのなかで、いかにもハンドメイドらしいのんびりとした雰囲気のそれは、少しだけ別の空気を纏っているようにも見える。

「あぁ、連れ合いがつくっていたものです。昔、趣味でちょこちょこやっていました。たくさんあったので知り合いにもあげましたが、いくつか残っているのを使っています」

取材後、もう一度、部屋をぐるりと見渡してみた。

よく見るとムラや刷毛跡が残るペンキ塗りの壁。新婚時代、青山のインテリアショップに「現金を握りしめて買いに行った」というソファは、使い込まれパッチワークのように繕った跡がある。

「自分で布を貼ってね、お恥ずかしいですけど」

ゆっくりと温めるようにつくり上げてきた空間は、人生そのものだ。

時間は進んでいく。悲しみを抱えながらも、ときには窓を開け、新しい風を入れてみる。窓からの景色を眺め、折り合いがつかない気持ちをやりくりする。誰もが、そうやって生きているのかもしれない。

紺野匠次（こんの・しょうじ）
会社員。1960年生まれ、仙台出身。多摩美術大学を卒業後、クリエイティブディレクターとして働きながら、都内に暮らす。

千切りキャベツにスパイスかけて

東京・代々木八幡に「黄魚（きお）」という小さなうつわの店がある。真っ白な店内には、作家もののうつわと世界各地から集めた古いもの。みな仲睦まじく、ふくふくとしたやさしい顔で並んでいる。

ここで買い物をしたときのこと。硬くすべすべとした手触りとは裏腹に、ぽってりとして、ふかふかの座布団のようにも見える木のうつわに、わたしは釘づけになった。何度も持ち上げ、横から、下からと眺めていると、店主が自宅で使っている様子を教えてくれた。

ところがそれは「こんなふうに便利ですよ」ではなく、「わたし、この子のこんなところが好きなんです、ふふふ」というぐあい。まるで恋人ののろけ話でも聞いているような語り口調だったものだから、わたしもそんなうつわと暮らしてみたいな、と恋にあこがれるような気持ちで連れて帰ったのだった。

料理が好き、だからうつわも大好きだと話すのは、「黄魚」店主、高はしこごうさん。

おじゃましたご自宅には、たっぷりのうつわや鍋はもちろんのこと、写真や絵などのアート、買いつけ先で見つけてくる古道具や不思議な置物、さらにはぐるぐるに絡まった植物の蔓までぶら下がっている。

小学生の娘とふたりで暮らすその部屋で、レシートを見せてもらった。

「見返していたら、わたしホッケ好きなんだなぁと気づきましたね。うちはお夕飯に食べるんです。焼くだけでいいじゃないですか、娘とふたりでひとつ。あと、切り昆布もよく買いますね、お魚コーナーにある生の昆布を細くきったもの。生姜とちょっと煮るだけでおいしいんです」

さらにキャベツは、丸ごとから手軽な袋入りの千切りまで、たびたび登場する。

「ストレスが溜まってると思ったらカゴに入れます。千切りキャベツにごまドレッシング、そのうえから、カイエンペッパーやクミン、コリアンダーなんかのスパイスをかけてね、刺激を与えるんです。辛さとスパイスの刺激で、なんとか自分の気持ちをなだめてあげる。わたし、お酒が飲めないんですよ。だからスパイスをバババババーっとかけて、それでストレス発散です」

ところでストレスの種はなんでしょうかとたずねたら、ふふふと笑って「やっぱりね、接客かな」。あんなに素敵な接客をする人が、どうして、と思わなくもない。どうやら「うつわは好きだけど、接客はまだまだわからない」らしい。

「人見知りしないから堂々としていると思われるんですけど、さっきのお客さん、話しかけて悪いことしちゃったかな、失礼がなかったかなって、ついクヨクヨしちゃうんです。何年経っても正解がわからないんですよね」

長野の戸隠で、画家の父と美大出身の母のもとに生まれた髙はしさんは、陶芸の道に進んだ。自分にしかできない仕事に就いてほしいと願う、父の教えがあってのことだ。

その後、紆余曲折を経て、まだ小さな娘を抱えながら始めた店が「黄魚」である。

「店名は父が考えたものです。わたしの名前『こごう』は、当時の大河ドラマに出ていた徳川将軍の妻『お江』から取ったと聞いています。そのときの、もうひとつの候補が黄魚でした。どっちも変わった名前ですよね。だから自分の娘には、呼びやすい普通の名前をつけちゃった。父ですか？　とにかく変な人でしたね。でも、みんな父を好きになるんです。わたしが小学生のときなんて、友達が『お父さんと遊びたい』って言ってうちにやってきていたくらい。家にも変なものがあふれてて、民芸品っていうのかな。ものづくりの友達も多かったですし、いろんな人が飲みにきては、みんな竹細工や焼き物を置いていくんです。だからうちの中はいつも、よくわからないインテリアで、よくわからない音楽が流れていて」

何度も繰り返す「変な人」という言葉は、愛情の表れだ。高はしさんは父を画家として尊敬し、なにより人として大好きだった。

「片目が見えなくて、描くのも大変だったと思うんです。最期はその目すら、まぶしくてよく見えないのに、それでも描き続けていました。それに、誰に対しても分けへだてなく接する、すごくやさしい人。困った人には必ず手を差し伸べるところも好きでした」

家に集っていたのは、隣のおじさんから近所の農家さん、学生、役所のちょっとえらい人まで、年齢も肩書きもさまざま。けれど父は誰かに媚びも、威張りもしなかった。みな同じように語り合い、楽しく食卓を囲んでいた。

一緒に栗拾いや山菜採りに出かけては、「これ食べられるかな?」と果敢にチャレンジし、山のおもしろさをたくさん教えてくれた父。「勉強しろ」だなんて、一度も言わなかった。

だから、母になった高はしさんもまた、娘に勉強を強いたことはない。唯一、ちょっと

Ozeki
領 収 証
OZキャッシュバックカード
ポイントが貯まるお得なカードです
まだ、お持ちでないお客様は
是非、お申込み下さい。受付は
サービスカウンターにて承ります。
2022年 4月 6日（水） 18:11
ソ#0055 H アゲ゛ズ゛ニカラアゲ
¥138 2個 ¥276
値引 10% -¥28
ソ#0041 アキモユズ゛ハクサイ ¥199
ソ#0060 パ゜スコスナックパ゜ンチョコ ¥180
ソ#0034 シマホッケ ヒラキ
ソ#0011 コクサンブ゛タカタキリオトシ
ソ#0032 キリコブ゛
ソ#0012 モモショウニク1マイ
ソ#0011 コクサンブ゛タバ゛ラレイシャブ゛
ソ#0021 かぼちゃ
ソ#0021 キャベ゛ツ(カット)
ソ#0022 玉ねぎ
ソ#0021 きゅうり
¥25 4個
ソ#0050 Mナマシオコウジ゛コシ200g
ソ#0014 コウクンアラビ゛キウインナー2
ソ#0021 センギ゛リキャベ゛ツ
小計 19点
(外税 8.0%対象額
8.0% 消費税等
外税額計
「#」は軽減税率対象
合計
ICクレジット
現計
顧客コード 257771
105 MUFG CARD
会員番号IC 4340
お取扱日
PC010 一括
取引内容
Foods Entertainment
Odakyu OX
＜ 領 収 証 ＞
2022年 4月13日(水) 19:33 レジ:804
担当者：ウリウダ
001 *国産 牛豚合挽肉（ 330
003 *但馬どり ムネ正肉 298
004 *7P あらびきウイ 258
007 *キュウリ 158
007 *春きゃべつ 178
007 *宮崎県産 1個 258
012 *愛知県産 橋口さん 178
221 *日本農産工業 ミニトマ 258
221 *国産しそのり納豆 98
221 *関口漬物 旬の素材 198
233 *さとの雪 国産木綿 98
235 *タカナシ酪農牛乳 198
*紀ノ国屋くるみロー 230
小計/ 13点
(外税 8%対象計 2,738) ¥2,738
外税計 ¥219
(税計 8% ¥219)
お支払額計 ¥2,957
IC/MS識別子 IC
AID A0000000003101
端末番号 VISACREDIT
ご利用日 2022/04/13 19:33
会員番号 434005
有効期限
伝票番号
支払方法

口うるさく言うのは、箸づかいやうつわの選びかた。彼女自身が、小さいころから父に言われ続けてきたことだ。

娘が2歳のときに始めた「黄魚」は、つくり手から使い手へとつなぎ続けて10周年を迎えた。しかし、もとはつくり手でもあったごうさん、自分でつくりたい気持ちはなかったのだろうか。

するると、少しのあいだ考え込んで、こう話してくれた。

「その気持ちがなかったと言うと、嘘になるかな。でも東京で窯をもって、陶芸を続けていくのは難しいし、子どもを抱えてだとなおさら。その代わりに、自分がいいと思ううつわを使ってみて、それを発注して、お客さんに紹介して。そうしたら、作家さんもお客さんも良かったと言ってくれるんです。両方の暮らしが良くなっていくのを感じられるのがうれしいし、いまはそれが一番のしあわせです」

この家には、近所の友達や仕事関係の人、さらには店のお客さんまで、仕事も年齢も違う人たちが次々にやってくる。そして、みんながごはんを食べる様子を眺めながら、ごうさんはせっせと台所に立つ。「これも食べる〜?」と差し出すたびに、食卓のまわりがわっと笑顔になる、それがうれしくてたまらないのだ。

食べることは生きること。いつだって、暮らしのまんなかにある。気づけばこごうさんもまた、父と同じように人を支え、人に支えられながら、愛のなかで生きている。

髙はしこごう（たかはし・こごう）
東京・代々木八幡『暮らしの店　黄魚（きお）』店主。おおらかな気持ちで使えるよう、うつわのほとんどは「レンジや食洗機にかけられ、子どもが安心して使える」という視点で選んでいる。

酸いも甘いも分け合いながら

東京・三鷹。住宅街に広がる畑には、まさに最盛期を迎えたぶどうと、これから収穫を待つキウイがたわわに実っていた。この地で代々続く大野農園。毎週日曜日の直売を中心に、地域の人たちに季節の味を届けている。

大野家に生まれた亀井智紗子さんは、夫と14歳の娘との3人暮らし。いまは家族で果樹の世話や販売に携わっている。

畑の一角に建つ一軒家は、夫と友人が設計したものだ。明るいリビングからは、畑が一望できる。ここを子育てサロンとして開放していたこともあり、一時は赤ちゃん連れの親子でにぎわっていたらしい。

見せてもらったレシートは、好物の焼き芋やむき栗、合唱サークルの前に立ち寄ったカフェ、ドラッグストアで洗濯洗剤、急に背が伸びた娘に買った自転車。そのなかに、ファストフードの一枚があった。

「土曜日の夜です。ぶどう販売の前日で、夕方にはもうヘロヘロになっちゃって。つくる気力もないから、みなさん食べたいものをなんでもどうぞ、って言ったら『ケンタッキー！』って。娘も好きなんですよね。だからチキンがいっぱい入ったのを選んで、あとはそれぞれが好きなものを。買いに行く元気もなくて、デリバリーしてもらいました」

ところで、「ヘロヘロ」になるほどのぶどうの作業とは。

「ぶどうを摘み取り、そこからハサミでカットするのが大変なんです。きれいな房のまま出せるものもありますが、一部だけ鳥がつついて、悪くなっちゃったものもたくさん。それをカットして詰め合わせます。もう延々、みんなでチョキチョキ、チョキチョキ」

隣から、夫の「もう鬼のような量だよね」と合いの手が入る。しかしその表情は、とにかく楽しげだ。

「普通、ぶどう農家さんはネットを掛けますが、うちは掛けないんですよ。果実に袋掛けはしてありますが、鳥もかしこいからうまく突いていくんですよね。でもまぁ、ちょっとくらい鳥にあげてもいいやと思ってやっています。父が年齢的にネットをしっかり掛けるのが大変だというのもありますが、鳥がいっぱい来てくれたら、それはそれでうれしいですしね。父の一番の目的は、この景色を維持して残していくこと。近くの人においしく食べてもらえたら、それがいちばん。遠くに出荷もしないので、ギリギリまで樹上で甘くさせられます。こうしてのんびりとやっていけるのは、兼業農家だからなんです」


智紗子さんの父は、医師である。平日は山梨の大学病院で研究に明け暮れ、金曜の夜に三鷹に戻る。週末は畑仕事をし、月曜の朝にまた山梨へ。そんな暮らしを30年以上続けてきた。いまは同じ敷地内に暮らしながら、平日は長年の夢でもあった地域の訪問医として、精力的に地元を駆けまわっている。

「父は、とにかくパワフルな人。こうと決めたらやり通すし、夢中になったらまわりが見えなくなるタイプなんです」

医師と農家、どちらも全力でこなす父は、子どもたちにも厳しかった。

「兄と2人の弟、4人きょうだいで、わたし以外みんな医者なんですよ。ね、ちょっとびっくりしちゃうでしょう?」

医師になる勉強をしておけば苦労をせずに済むし、潰しがきく。それは経験からの親心だったに違いない。

しかし、彼女にはそれが重荷でもあった。

「週末、父が家に帰ってくると勉強、勉強。兄と弟たちは期待に応えていましたが、わたしは全然ついていけなかったんです。がんばっているつもりでも、父にとっては努力不足に見えちゃうんでしょうね。『努力、根性、忍耐』という父の横で、母はいつも忙しくて余裕がなさそうで。わたしはそんな母の顔色をうかがってばかりいました」

努力や忍耐といった根性論は、相対的には測れない。

「歌が好きだったので音楽を志すようになりましたが、厳しいレッスンを受けるうちに、向いていないかもと思い始めていたんですよね。でも両親が『音大受験ならグランドピアノを』と、早々に準備してくれて。もう言い出せなくなっちゃったんです」

その後は音大に進むも、音楽とは別の仕事に就職し、結婚。はじめての育児に気合いを

入れてがんばり過ぎるうち、プツンと糸が切れてしまったという。

智紗子さんは実家の近くに戻り、畑の仕事を手伝いながら少しずつ元気な心を取り戻していった。

「子育てサロンを開いたときは、産後の辛かった経験を生かし、人の役に立たなくちゃと思い込んでいたんです。バリバリ前に出ていくタイプじゃないのに、そこでもがんばりすぎちゃったのかな。努力、根性、忍耐が染み込んでいたんでしょうね。いまは、キウイを自立支援の施設に送ることで、誰かの役に立てたらと思っています」

人との直接の関わり合いだけが支援ではない。大野農園の完熟キウイは、施設で取り組むジャムづくりにぴったりだと喜ばれている

らしい。
わたしのしあわせってなんだろう。智紗子さんは考え続けた。しあわせの形も価値観も、それぞれ違う。違っていいのだ。そう気がついたのは、40歳を過ぎてからだった。
「父が言うように『がんばればなんでもできる、できないのは努力不足』だと思っていたけれど、違ったんです。自分が父のように完璧になんでもできる人間じゃないと気づいたときはショックでしたが、同時にすごく楽になれました」
少しずつ、少しずつ自分にかけていた呪いを解いていく。そうして、できないことはできないと父に言えるようになったのは、つい2年ほど前だ。

「もう、できないよー！って、泣きながら収穫中の梅の実を地面に叩きつけちゃいました。父は、もうびっくり。でも、『そうだったのか』って言ってくれたんです。いままでは『できない』なんて考えもしなかったんでしょうね。父も年齢を重ねて思うようにできないことが増えて、見える景色が変わってきたのかもしれません」

智紗子さんは最近、また音楽を始めた。グランドピアノよりもずっと小さく、軽やかな音色が自分にぴったりだというウクレレだ。

「自分の魂を癒すために弾いています。ウクレレを抱えるのって、赤ちゃんを抱っこしているみたいな感覚なんですよ」

これから最盛期を迎えるキウイ畑を案内してもらった。キウイは、ときどき2個がくっついて巨大でいびつな形をしていたり、小さなコブをくっつけていたりする。

おいしそうだなぁと眺めていると、智紗子さんが言った。

「でも娘は食べられないんですよ、キウイアレルギーで。わたしたちが味見をしている横で、どんな味？って聞いてくるんです。甘くてちょっと酸っぱくてね、って一生懸命伝えるんですけどね」

食べたくても食べられないものがある。わたしが好きなものを、あなたも好きだとは限らない。だからこそ、その味を一方は伝えて、もう一方は想像する。必要なのは完全に分かり合う着地点ではなく、わかり合いたいと願い、知ろうとするプロセスではないか。彼女が何十年かかってでも、タイプの違う父親に「できない」と伝えることが必要だったように。

きっとそれは面倒でやっかいで、難しい。けれどその過程こそが、なにより愛おしい人間らしさだとわたしは思うのだ。

亀井智紗子（かめい・ちさこ）

農家。東京三鷹市の果樹園「大野農園」で、家族と共に従事。キウイフルーツを中心に、ブドウ、栗、柿、梅などを栽培し、毎週日曜日の直売で地域に届けている。

わたしのレシートから

02

捨てられないレシート

買ったもの
セブンプレミアム　ロースハム　98円
セブンプレミアム　挽きたて珈琲無糖900　138円
（保育園近くのセブンイレブンにて）

夕方18時過ぎ。息子を後ろに乗せ、保育園から家へと急ぐ帰り道。じきに息子が後ろから、「今日のご飯、なに？」と声をかけてくるだろう。

夕飯の仕込みが、なにもできていない。ご飯も炊いていない。焦る気持ちで、いつもよりペダルに力を込めながら、冷蔵庫の中身と制限時間、息子の機嫌と食べやすさ、栄養バランス、あらゆることを瞬時につなぎ合わせて、今日の最適解を引き出す。

夏の終わりに買い足してしまったそうめんがまだまだ残っている。きゅう

りをスライサーで千切りにして、卵はとろっと半熟に焼こう。ミニトマトもある。緑、黄、赤、よし彩りも大丈夫。今日はぶっかけそうめんだ。こんな日のためにストックしてある冷凍餃子も焼けば、完璧じゃないか。

「今日のご飯なに〜?」

そらきた、とばかりに、「大好きなぶっかけそうめんでーす!」と答えると「いえーい!」と元気な返事。あぁよかった。

次いで息子から、「そうめんに、ハムのせたい」とリクエストが飛んできた。急いでいるのにな、ハムは生協で売ってるのが好きなんだけど、とあれこれ思いながらもコンビニに自転車を停め、店に入ろうとした瞬間。息子がパッとわたしの体を押しやった。

「かあかは、中に入らないで。ここに

いて」

「えっ」

「ハム、自分で取るから場所だけ教えて」

「えぇっ」

息子の目が、いつになく真剣になっている。そうか、おつかいか。

わたしは財布から500円玉を取り出し、息子の汗ばんだ手のひらにぎゅっと握らせた。


ハムの売り場を忠実に伝える。息子は、コンビニのガラスドアの向こうをじっと見つめながら、真剣にそれを聞いていた。

「もし見つからなかったら、どうしたらいい？　戻ってきていい？」

「いいよ、戻っておいで。そのときは一緒に探そう」

そう答えるやいなやパッと駆け出し、またすぐ踵を返した。

「もっとほかに買うものある？」

好きなお菓子をひとつ選んでおいで、と言おうと思ったけれど、息子はまだ足し算ができないし、お菓子売り場はコンビニの一番奥、外からは見えない場所にある。それに、こちらがお願いしたものを買うほうが息子もうれしいかもしれない。そう考え、「じゃあ、アイスコーヒー買ってきてくれる？」とお願いし、息子はひとりでコンビニに入っていった。

自動ドアのガラス越しに、様子を観察する。ててて、と小走りで冷蔵品コーナーに行き、無事ハムを手に取った。よし、と見守るからだに力が入る。次にボトルのアイスコーヒーだ。冷蔵庫の前でしゃがみ込み、じっくり文字を確認しているうしろ姿。無糖を選んで欲しかったけれど、もちろんまだ読めないので、「一番奥の冷蔵庫の下の段に入っているやつ、(甘さ)ひかえめ、って書いてないほうのやつね」と、まどろっこしい伝え方をしてしまったことを悔いながら、その背中を見つめた。

ほどなくして、アイスコーヒーを見つけたらしい。ハムとアイスコーヒーのボトルを、からだ全部で抱えるようにしながら、レジに向かって歩き始めた。右手には、さっき渡した500円玉が入っているのだろう。ドラえもんのような手のまま、落とさないように運んでいるのがわかる。

レジに並ぶ小さな息子。子どもが並んでいるとは思わなかったのか、お姉さん、そして次のおばさんもまた、先にレジに行ってしまった。そのたびに、息子が不安そうにこちらをチラッとみる。わたしの胸が、ぎゅうっとなる。

絵本『はじめてのおつかい』に、主人公のみいちゃんが「ぎゅうにゅうくださあい!」と、何度も声を上げるシーンがある。みいちゃんの声に、大人たちはちっとも気づかない。サングラスのおじさんや、おしゃべりな太った

セブン-イレブン
ﾚｼﾞ#1
2022年09月06日(火) 18:18 責091
領 収 書
7P挽きたて珈琲無糖900 *138
7Pロースハム *98
小 計(税抜 8%) ¥236
消費税等(8%) ¥18
合 計 ¥254
(税率 8%対象 ¥254)
(内消費税等 8% ¥18)
お 預 り ¥500
お 釣 ¥246
お買上明細は上記のとおりです。
[*]マークは軽減税率対象です。

おばさんに順番を抜かされてしまうみいちゃんと、息子が重なる。

また胸がぎゅうっとなった。


ようやく、レジのお姉さんが息子に気づき、カウンターの向こうから手招きをしてくれた。

ハムとアイスコーヒーを、自分の背と変わらない高さの台に持ち上げる。お金を渡し、「はい、お釣り」と手のひらに収めてもらえる時代は、とうに過ぎ去った。いまやコンビニはセルフレジで、まごまごする息子に、お姉さんが体を乗り出して操作画面をアシストしてくれているようだった。握りしめた500円玉は、きっと湿っているだろう。

そうしてハムとアイスコーヒーを抱えた息子が、こちらに走ってきた。お釣りを「はい！」と差し出す顔が紅潮している。シワシワになったコンビニのレシート。いつもならすぐに捨ててしまうその一枚を、この日は大事に財布にしまった。

レシートから気付いた「好き」

めぐりめぐる、暮らし

「買い物の量が多すぎて、取材のみなさんがびっくりするんじゃないかって心配です」

その言葉に、どれほどかと楽しみにうかがうと、はたしてなかなかの買いっぷり。この2週間がたまたまですかとたずねたら「いつもこんな感じです」と、頼もしい答えが返ってきた。

一袋91円のオーガニック緑豆もやしは、料理教室で習った炒め煮をたびたびつくるから。アンティークショップでは「ペンスタンドにしたらすてきだと思って」という古いインク壺に、キッチンクロス。一枚だけ突出して少々値の張るレシートは、好きなギャラリーが提案しているオリジナルの衣服。着物のように自由に重ね合わせを楽しむもので、ひさしぶりに買い足したのだと、うれしそうに教えてくれた。

そして、なにより目立っているのは大量の本。

「この仕事を始めてからは、本代だけは惜しまないと決めたんです。それに、家にこもりきりでする仕事ですから、部屋で心地よく過ごすためのものにはお金を使おうと思っています」

レシートの主は、校正・校閲の仕事に携わる牟田都子さん。

「自分が心から共感できるものや場所には、惜しまずお金を払いたい」と話す彼女は、服も雑貨も家具も「ポンポン買っちゃう」らしい。

しかし、そんな話をうかがいながら見渡した部屋は、思いのほかすっきり。ものへの執着があまりないようだ。

「使ってみてちょっと違うと感じたり、もっと使い勝手のいいものを見つけたりしたら、どんどん手放します。本も読んだら古本屋に。買取額で、また本を買って帰ることもしょっちゅうですけどね。ものも暮らしも、溜め込まずに循環させていきたいんです」

無粋であることを承知のうえで、こんな質問を投げかけてみた。

もったいないとは思わないんですか？

もったいないとはこの場合、率直に「お金が」である。対する彼女の答えは、とてもシンプルだ。

「お金は、経験に払うものだと思っています。だから、使ってみて納得したら手放せるし、執着もありません。お金を出して実際に経験して、もっと知ろうとすることで、人生ってすごくおもしろくなると思います」

ハッとした。

色とりどりの情報に囲まれ、わたしは多くのことを知っている。「でもそれは、ほんとうに知っていること？」もうひとりの自分の声がこだまする。

雑貨、服、映画や音楽。有名な誰かのことばで語られるものに満足し、どれだけ「実際に」触れてきただろう。そんな自分に少し恥じ入りつつ、でも、と強がりたい気持ちも顔をのぞかせる。だって、経験には少なからずお金も必要なのだから。

「少し勇気がいる金額も、度を越していなければ大丈夫。なんとかなるむちゃなら、してもいいと思っています。買わずに後悔するほうがこわいから。いまは、ありがたいことにお金を自分たちのために使えていますが、明日、5年後、10年後はどうなっているかわからないですし」

「生き急いでいるのかな」と牟田さんは笑った。身銭を切って経験し、人生の糧にする。それほどまでに彼女を駆り立てる「経験欲」はどこからきているのだろう。

「物欲」を辞書でひくと「金銭や品物に対する所有欲」とある。所有欲よりも経験を大切にする彼女の場合、その言葉がどうもしっくりこないと考えていたが、やがて気づいた。

牟田さんは根っからの校正者なのだと。

校正・校閲の大切な仕事のひとつに、「ファクトチェック（事実確認）」がある。たとえば著者が「東京タワーの赤と白が」と書けば、「東京タワーは本当に赤と白か」と辞書や写真で確認する。なんとなく知っていると思っていることも、曖昧な記憶に頼らず事実と突き合わせていく。それは、牟田さんが外から得た情報をひとつひとつレシートと引き換えに経験し、咀嚼し、自分のなかに取り込む姿と重なって見える。

けれど、経験したくても手が届かない。牟田さんにも、そんな時代があった。

図書館司書の職を経て、両親と同じ校正・校閲の道に進んだのは30歳のとき。当時から買い物が大好きだったと振り返る。

「電車で一時間くらいかけて、吉祥寺、原宿、表参道……あちこち行ってましたね。でも20代のころは、ほんとうにお金がなかった。お給料の手取り3分の1が家賃に消えるでしょう、そこから生活費といくらかの貯金、欲しい本……、ほとんど残りません。憧れのショップやギャラリーをのぞくと美しいお洋服や雑貨が並んでいるけれど、当時は1万、2万するお洋服なんてとても手が出なくて。いつも『見せてもらうだけですみません』っ

29

Daily Table
KINOKUNIYA
デイリーテーブル 紀ノ国屋
御計算書
2020-06-11 18:22
SAML.WALTZ & CINQ
CINQ

て出てくるんです。せめて目の中にしまって帰ろうと思っていました。全身すてきなファッションに身を包んでいる人が、さらりと買い物をしているのを見ながら、いつか自分にもこんな日が来るのかな、って」

そんな暮らしを経て、いまの仕事に就いてからは少しずつだけれど自由に使えるお金も増えた。「目の中にしまって」帰っていたものも買えるようになってきた。

「自分で稼いだお金で、自分が欲しかったものを買えるって、やっぱりうれしいですね」

レシートを受け取るとき、人は未来を見ている。こんなふうになりたい、ここに書いてあることが知りたい。手にした先の喜びや楽しみを思い描くことは、「なりたい自分」への一歩だ。

レシートの束は、理想の自分へ歩む軌跡でもあったのだ。

いま牟田さんは、あのころ憧れた吉祥寺の街に住んでいる。

通い出して7年になる料理教室も、住んでいるこの部屋も、この街にある行きつけの店で一杯飲んだり、買い物をしたりするうちに紹介してもらった。どちらも、家に閉じこもり財布の紐をかたくしていては出会えなかっためぐりあわせだろう。

どうやら、レシートと引き換えに手にしたのは、ものや経験だけではなさそうだ。

窓の向こうへ目をやると、井の頭公園の緑が青々と広がっている。自宅のリビングで仕事をする彼女にとって、この景色はなにものにも代えがたい喜びにちがいない。お金、もの、人、気持ちのやりとり。それらがめぐる中で、牟田さんは心地よく泳いでいるようにも見える。

風が気持ち良く通り抜ける部屋で、そんなことを考えた。

牟田都子（むた・さとこ）

校正者。批評や随筆を中心とした書籍の校正・校閲に携わるかたわら、エッセイの執筆も。著書に『文にあたる』。

日日草の咲く庭に、鈴虫の声

阿佐ヶ谷駅から商店街を抜け、にぎやかさが少し落ち着いた路地の先に、その家はある。うっかり勝手口からおじゃましそうになり、あわてて玄関にまわった。そういえば、勝手口がある家を見なくなり久しい。なつかしい風情のかんぬきを引いて門をくぐる。小さな庭がある、昭和の面影が残る一軒家。

住人は、イラストレーターの杉浦さやかさん。「人生の切り売りです」とは本人談で、普段のおでかけや子どもとの暮らし、引越しや家づくり、果ては婚活や夫との出会いに至るまで、身のまわりの出来事をイラストと言葉で綴っている。

妊娠を機に始めた家探し。庭つきの家にあこがれつつも、都内では広さも価格もなかなか厳しい。やはりマンションかと思っていた矢先、意外な出会いがあった。

「〝コスパの鬼〟の夫が、破格の物件を見つけてきました。売主のおばあちゃんも、『安くしすぎたかしらね』って笑っていたくらい。希望者も殺到したそうですが、無事一番乗りだったわたしたちが引き継ぐことになりました。築45年くらいですが、古い雰囲気が気に入っているのでリフォームは少しだけです」

古さに価値を見出してくれる人と出会えてよかったねと、この家に思わず声をかけたくなる。ふと目をやると、キッチンのカウンターに小さな日日草が飾られていた。

「夏花火っていう品種らしいです。素朴な、野の花みたいな雰囲気の花が好きなんです。月に一度、高円寺に髪を切りに行くときに寄る花屋さんがあるんですが、安くていい苗が揃っていて、これもその店。レシートもあったかな。ほら、安いものだと三鉢500円なんていうのもあるんですよ。ベゴニアやケイトウ、千日紅とか、苗はだいたいここで買って、庭に植え直すのが楽しみなんです」

庭いじりが好きなのは、母親譲り。

「ひとり暮らしのころに住んだ長屋にも、小さな庭がありました。母と一緒にその庭づくりをしたら、すごく楽しくて。母は庭師みたいな人で、千葉にある実家もジャングルみたいなんですよ。花が大好きなんです。庭から選んだ苗を両手にいっぱい抱えて、うちに勝手に植えていったりしてね。78歳になるいまも、そうやってときどきやってきます」

庭いじり同様、いまではライフワークのようなおでかけも、記憶をたどれば親の影響があるのかもしれない、と杉浦さんが話し出した。

「高校の卒業旅行のスケジュールを、父が立ててくれたんです。この電車に乗って、乗り換えはここ、乗り遅れたらこっちに……と、そういうのを考えるのが大好きな人でしたね。でも、仲のいい女子友達4人で行く卒業旅行ですよ。それなのに山登りが好きな父らしく、千葉の鋸山が組み込まれていて。わたしは小さいころから、サイクリング15キロ！とか、父の体育会系のおでかけで鍛えられていましたけれど、まさかの登山に友達はヘロヘロになっていました（笑）」

ワンダーフォーゲル部を通じて出会った父と母は、子どもたちを山に、海にと連れて行ってくれた。10歳で、兵庫の姫路から東京に引っ越してからは、たびたび家族で東京見物を楽しんだという。

「こうやって話していると、父はすごいマイホームパパみたいですけどね。わたしたちには優しかったけれど、大酒飲みで週末は二日酔い。機嫌が悪いときもあって、母は苦労したみたいです」

杉浦さんが茶化すようにつけ加える。父親は14年前に他界したそうだ。

「こっちのレシートは、友達と映画を見にいったときです。『ブックスマート』を観てきました。この日は無印良品で見たい洋服があったので、大型店がある新宿の映画館を選んだんです。そうそう新宿といえば、この居酒屋が好きで……」

一枚のレシートから、数珠つなぎのようにおでかけスポットが次々に飛び出し、その街の楽しみがあふれだしてくる。行きたい場所をついつい詰め込んでしまうから、ついてこれる友達は少ないんです、と杉浦さんは笑う。

「そのくせ、ひとりでお出かけや食事に出るのは苦手なんですよね。だからいつも誰かを誘います」

なんだかちょっと、意外だった。

ひさしぶりに〝ゆりかもめ〟に乗ったら、思いがけずレインボーブリッジをくぐり大興奮したこと。子どものころは家族で外から眺めるだけだった迎賓館を大人になって参観したら、金ピカゴージャスなおもしろい世界が広がっていたこと。

ほんの少しレシートを見せてもらっただけで、わたしの知っている東京がぐんぐん広がっていく。

「わたしの描くイラストは近場が多いですね。運転ですか？　苦手で車に乗る機会がなかったから、更新を忘れていて……。免許証、いつのまにか消えていました」

MUJI
2020/10/07(水) 18:10
シアター⑨
11階

長年ペーパードライバーであるわたしは、狭い世界の中で生きている気がして、それがコンプレックスだった。もちろん、できないよりはできたほうがいいのかもしれない。でも杉浦さんを見ていたら、自分のすぐそばにも、まだまだ知らない世界がたくさんあることにうれしくなる。東京の街にも、自分の住む街にも、うちの小さなベランダにも。

取材中ずっと、リリリリと鈴虫の声が響いていた。夏の名残の日日草と、秋を呼ぶ鈴虫。そうか、庭の楽しみはこんなところにもある。週末はわたしも、ベランダの鉢に新しい苗を植えてみようかと考えた。

杉浦さやか（すぎうら・さやか）
イラストレーター。独自の視点で切り取る、のんびりとしたタッチのイラストとエッセイが魅力。絵本の挿画も手がける。

寄り道しながら、たどり着いた場所は

ひとりランチで食べたカレーに、ひと休みに入ったチェーン店のアイスティー、気になっていた文房具店。フィンランドとスイスのデザイン書は、カルチャーショップが軒を連ねる地元商店街で見つけたものだ。

ひとり気ままに散歩に出かけた一日のレシートは、だいたいこんな感じ。東京の中野。あらゆるカルチャーが渾然一体となる、JR中央線の代名詞のような町に暮らしている。

「昼ごはんも、どこで食べるかを決めて出かけることはほとんどないですね。この日は、通りがかったカレー屋のグラフィックデザインのロゴがかわいかったから、ふらっと。あんまりおしゃれすぎるお店だと緊張するじゃないですか。ここは男性客が多くて入りやすそうだったんです」

切り絵作家のYUYA（ゆうや）さん。職業も年齢も性別も、そして好みもわたしとはまるで違うはずなのに、レシートからたどる休日はどこかフレンドリーだ。

そんななか、わたしにはなじみのない、そして極端に枚数の多いレシートがあった。中古のレコード専門店。日付を見ると、5日に一度は足を運んでいることになる。頻度に驚いていると、「この時期は、むしろ減っていたくらい」というから、また驚いた。

「中古だと、一枚500円とか600円とか。だからついつい、あてもなくお店をのぞいてしまいます。音楽ってかたちのないデザインみたいな感じ。店でジャケットを見ながら、どんなかたちの音だろうと考えるのも楽しいんです。僕の日常は音楽命ですね」

興味の入り口は学生時代、テレビから流れるジャパニーズポップスだった。

「日本でボサノヴァ第一人者といわれる小野リサさんの音楽が、すごく心地よかったんです。ルーツをたどったり似たジャンルを聴いたりしているうちに、いろいろなタイプの音楽へとどんどん興味がわいてきました。ひとつ気に入ると、ジャケットに出ているメインアーティストだけじゃなく、ピアノで参加しているこの人の別の作品も聴いてみよう、と数珠つなぎに広がっていきます。でも音楽を仕事にするなんてことは、考えもしなかったですね」

いまでこそ切り絵をなりわいとするYUYAさんだが、もともとは美術大学で建築を学び、卒業後は設計事務所に勤めていた。

「4年くらい働きましたが、自分にはちょっと違うかもしれない、まだ若いんだし違うことをしてみたいと思いました。それで試験を受けたのが、クラシックコンサートやイベントをするホールの運営会社です。最初は施設管理や運営に関わる仕事をしていました」

3年ほど働いたころ、転機があった。コンサートホールの企画を任されたのだ。

「年配のお客さんが多いホールだったから、若い人たちにも来てもらいたいと思ったんです。そこで、自分の好きなジャズをはじめとしたミュージシャンを招いたコンサートやイベントを企画するようになりました」

気づけば、好きな音楽が仕事になっていた。

しかし時を同じくして、趣味で切り絵をスタートしていたYUYAさん。一度きりのつ

もりだった個展もいつしか回数を重ね、しだいに切り絵は趣味の域からどんどんふくらんでいった。
そうして、会社に勤めだして15年が経ったころ、ついに機は熟す。パンやお菓子をつくる妻とともに、自分たちのアトリエをオープンさせたのだ。それは、この仕事を本気でやっていきますという決意でもあった。

ではいま、音楽はYUYAさんにとってどう変わったのだろう。もしかしたら、なにか仕事にも影響があるのでは、そう思ってたずねてみた。
「音楽は完全に趣味です。仕事が煮詰まったときの気分転換やインスピレーションのもとになることもありますが、それよりもあたりまえになじんでいる日々の楽しみかな」

　切り絵を通じて出会うなかには、音楽に携わる仕事をする人も少なくない。

「僕が音楽好きだと知って、ジャズＣＤのカバーイラストを依頼してくださったり、縁がつながるなかで、自分の個展で選曲をお願いしたり。音楽とは違うところで知り合った人と、音楽でつながることも多いんです」

　音楽は趣味からはじまり仕事となり、そしてまた趣味に戻った。しかし、そこからの縁が新しい仕事を支え、また音楽を連れてくる。


　アトリエは今年、５周年を迎える。予算や立地とにらめっこしながら思いがけずたどり着いたのが、なじみのない中野だったらしい。けれどいま、この場所であたたかく迎え入れてもらっているのを感じている。

　レシートには、地元の小さなフラワーショップもあった。

「家に飾る花を買っているうちに、顔なじみになりました。月に一度のアトリエオープン日には、お客さんにうちのことを伝えてくれているみたいで、『そこで聞いて寄ってみました』って訪ねてくださる方もちらほらいるんです」

まっすぐ延びる一本道は、その潔さが格好よく思える。でも、少し曲がりくねって寄り道があるくらいのほうが、道のりは豊かになるのだろうか。

最初にぜんぶ決めなくていい。まっすぐでなくたっていい。彼を見ていると、そんな気がしてくる。

散歩も、仕事探しも、たぶん人生も。

ＹＵＹＡ（ゆうや）
切り絵作家、イラストレーター。アートと食のアトリエ『Ａｔｅｌｉｅｒ ＦＯＬＫ（アトリエ・フォーク）』主宰。作家活動に加え、各メディアでのイラストや、テキスタイル・紙製品などのデザインも手がける。

耳をすまして知る、わたしの心のありか

「この日は楽しいレシートがいっぱいありますよ。鎌倉へ行ってきたんです」

友人が営む雑貨店に、老舗のカフェ。アンティークショップにイタリアンレストラン。お気に入りの定番コースを歩いた初夏の1日。ハミングのように軽やかな声が、レシートの一枚一枚に残る楽しい記憶を知らせてくれる。


旅どころか、お出かけが気軽でなくなり久しい。料理家の藤原奈緒さんが鎌倉に行ったのも、ずいぶんひさしぶりのことだ。

移動の約1時間は、「道中も特別なものになる」と、必ずグリーン車を選ぶ。そのほうが本を集中して読めるし考え事もできるというから、これだけでも藤原さんのお金と時間に対する姿勢がうかがえる。

「鎌倉には、猫を3匹お迎えにいったんです」

猫？　思わずテーブルの下をのぞき込みキョロキョロしていると、「違うんです、これ」。

見せてくれたのは、猫を模した花瓶。手びねり作品のその猫は色も形もさまざまで、みな個性的な顔をしている。

「見る角度によって表情が変わるんですよ。絞りきれなくて、結局うちの店のスタッフ用に2匹、自分用には3匹も連れて帰ってきてしまいました」

藤原さんは、買い物するときにはここぞ、というタイミングを逃さない。そしてときどきこんなふうに、思い切りを見せるらしい。

「買おうかな、どうしようかなという迷いはあまりないかもしれません。それよりも欲しいと感じた強い気持ちや、出会えたタイミングを大切にしています。買い物をするとき、うわ〜！大好き〜！っていう高まった気持ちで買うと、そのエネルギーと共にポジティブな扉がぐわっと開くと聞いたことがあるんです。やっぱりまた今度、と気持ちを抑え込むと、そのエネルギーも消えちゃうんですって。そうは言っても、大切にできないとつくった人に申し訳ないので、自分が手にする資格があるかどうかはきちんと考えます。それに、うつわや服、本、音楽……料理もそうですが、つくり手と同じ時代に生きて、その人が生み出すものを追いかけていけるってしあわせです。こんなすてきなものをつくってくれてありがとう！って思いながらお金を払っています」

ダイニングテーブルの脇に置いた古いウィンザーチェアや、山葡萄のつるで編んだかご、夏もさらりとまとえるシルク素材のワンピース。これまでの「思い切った」買い物をたずねると、たくさんありすぎて、と笑いながらも、どれも心から買ってよかったと思うものばかりだと教えてくれた。

藤原さんは20代から30代にかけての時間を、厳しい修行に費やしてきた。食を仕事にすると決めてからの道のりは、体力的にも精神的にも、そして金銭的にも過酷な日々であり、「お金の修行」でもあったという。

「もともとは洋服もきれいなものも、友達づきあいも大好きなタイプだったのに、仕事だけを考えていた時期は封印していた気がします。その気持ちを解凍するように、お金を使うことで自分を大切にすることを思い出しているのかもしれません」

思い切った買い物の最たるものが、暮らしはじめて3年になるこの部屋だ。懐かしさの残る団地の一室は、古さをチャームポイントに変えたような、センスのいいリノベーション物件だった。

LAWSON
領 収 書
会計日：2021/6/20
FOODS
領収金額
但 お食事代
オステリア
DOG COOKIE
Tax Rate
2021年 6月20日(日)
【領収証】
¥357

「思いがけない出会いに、縁があったら買えるはずだと『えいっ』と申し込みました」

家を買う予定などこれっぽっちもなかったという。でも、ふと内見した家は、もっとこうだったらと感じるところがひとつもない。やや郊外ではあるものの駅からの距離は近く、いまの自分に無理のない価格。なにもかもが、想像以上に塩梅がよかった。

けれど理屈のうえでは好条件だと理解できても、そこに「えいっ」と飛び込むのは、なかなかの決断だ。

「昔から、自分が『いける!』と思ったら、いけると思えちゃうんです。ダメだったときも、なんとかなるようにまた考えたらいいって。それに、家を買うといっても一生そこに住むと決めるわけではないですしね」

だからというわけではないけれど、お金で買える経験なら早いうちにしたほうが得だと藤原さんは言う。たしかに、お金に代えられない経験や価値は山ほどある。でも、お金を使うのに勇気がいることも否めない。

「わたしも、お金のことが最初はすごく怖かったです。でも、詳しい方に仕組みを教えていただいたり、自分でも調べたりするようになって、その怖さがなくなりました。お金に限らず、自分の感じる『不安』ってなんだろうと考えてみたら、『知らないこと』だったんです。よく知らないから不安や恐怖を覚えるだけで、きちんと知れば大丈夫。不安だからといって、なにもしないで時間だけが経ってしまうことが一番怖いです」

どんな家で、どんな暮らしを送りたいか。なににお金を使うか。どんなふうに時間を過ごすか。不安や心配事があれば、そのありかはどこなのか。かわいい、欲しい、そばに置きたい。一時は自分の内側の声に聞こえないふりをしていたけれど、いま改めて、きちんと耳をすましながら歩いている。

我慢や忍耐は美徳に思える。しかし一方でほんとうの気持ちに蓋をしているのでは、なんのための我慢だろう。お金も時間も、自分を慈しむ手段のひとつなのだ。大切なのは自分の心のありかであり、それを満たしてやれるのは、結局のところ自分しかいない。

鎌倉での一日には、コンビニのレシートもあった。由比ヶ浜のローソンで、缶ビールと水を一本ずつ。

「お昼ごはんを食べるつもりだったお店に振られてしまい、どうしようかなぁと思いながら市場でアイスを食べて。そのままふらっと江ノ電に乗っちゃったんですよね。由比ヶ浜で、とりあえず海を眺めながらビールを開けました」

レシート越しに、ひとり潮風に吹かれて飲むビールの味を想像した。

行き当たりばったりの海とビール。これもまた、藤原さんが自分の心に耳をすました答えだったに違いない。

藤原奈緒（ふじわら・なお）

料理家、エッセイスト。〝料理は自分の手で自分をしあわせにできるツール〟という考えのもと、商品開発やディレクション、レシピ提案、教室などを手がける。家庭のごはんをおいしく、手軽にするびん詰め調味料のブランド「あたらしい日常料理ふじわら」主宰。

一歩踏み出せば、そこは色とりどりの世界

変わり続ける世の中に立ち会っている。

東京・蔵前にある服と雑貨の店「SUNNY CLOUDY RAINY」の店主、秋山香奈子さんも、そのひとりだ。

「昨年はお店を2ヶ月閉めた時期もあり、当時はこの先どうなるんだろうと不安でいっぱいでした。でも、常連のお客さまたちから『どうしているかと思って』と連絡をいただいたり、オンラインでお買い物をしてくださる方も増えたりして。変化もありますが、いろいろな人に支えられながら過ごしています」

それよりも変わったのは、と秋山さんが教えてくれたのは、自分自身の内側だという。見せてくれたのは、とあるカフェのレシート。近くに立ち寄ると必ず買う野菜たっぷりのランチボックスが、最近のお気に入りだ。

「海外の旅先みたいな気分になる味つけなんです。ハーブとか香辛料とか……、普段食

べなれない味が、何度も通った北欧を思い出させてくれます」

北欧に魅せられ、毎年のようにスウェーデンやフィンランド、デンマークなどを訪れるようになり10年以上が経つ。一昨年には初めてアイスランドにも足を延ばした。こんなに美しい世界が広がっていたのかと感激し、再び訪れるのを楽しみにしているらしい。北の地は、故郷の秋田とどこか重なっても見える。

「北欧と秋田が似ているなんて笑われそうですけれど。でも、なんだか親近感と愛着を覚えるんです」

北欧の魅力は数え切れないくらいある。ストックホルムの街中で触れた、大きな雪の結晶。暗く厳しい冬の道を照らす、家々のあたたかな明かり、窓辺のデコレーション。

「でも一番印象的なのは、色ですね。空、木々の緑。どれも、日本にはないような色なんです。普段、接することのない色に出会えるから、また行きたくなるのかもしれません。四季を通じていろいろな景色を見てきましたが、どれも素敵で、あの色は日本で味わえないなと思います」


もう一枚は、銀座にある老舗文房具店。水彩用の画用紙を買ったときのものだ。

「ずっと習いたいと思っていた水彩画を、最近やっと始めました。以前見た旅の風景画の展示がとても素敵で。その方のお教室に、いつか、いつかと長い間思っていたんです」
しかし、店が忙しく時間がない。定休日もやることが山のようにある。そうやって、言い訳を並べては足踏みしてしまうことは、誰しもあるだろう。

「でも夏ごろだったかな、外出の機会も減ってしまったし、よし、思い切ってやってみようとサイトを見たら、オンライン講座に切り替わっていたんです。でも、せっかくやるなら直接教わりたいなと思ってしまって……」

時間がないからできないと思っていたのに、いざ時間ができたら今度は別の理由が気持ちを阻む。けれど「いつでも」は、「いつまでもそばにある」と同義ではない。
オンラインでもいいから、いまやろう。秋山さんは、えいっと飛び込んでみた。

「そうしたら、すごく楽しかったんです！花でも果物でも、わぁきれいだなって思った色が自分でつくれると、すごくうれしいし、こんなにも充実感があるんですね。色に癒されるというか、やっぱり色が好きなんです。絵に苦手意識があるとか、まわりの人はもっと上手に描いているかもしれないとか、そういうことが気にならないくらい、ただただ楽しいと思えるいい時間です。ただの自己満足なんですけどね」

株式会社　伊東屋
http://www.ito-ya.co.jp
領　収　証
2020年11月25日(水) 13時56分
4943718208190
ホワイトワトソンパッド 19
2点　@880 内
小 計
お買い上げ点数
合計
クレジット
お釣り
buik
[領収書]
2020/11/17 16:01:35
レジ:0002 担当:0002
取引No:00022020111716005O789
*ランチボックス
¥1,500 1点 ¥1,500
小計 1点 ¥1,500
外税計 ¥120
合計 ¥1,620
(内消費税等 ¥120)
(8%軽減対象 ¥1,620)
(内消費税等 ¥120)
¥1,620
お預り ¥1,620
お釣り ¥0
上記正に領収いたしました

自分の手から生まれた色が、自分をしあわせな世界へ連れていってくれる。変化の多いいまの世の中で、なんと心強いことだろう。

「好きなことはなんでも、まずはやってみようと思うようになりました。お店のスタンスは変わりませんが、自分のための時間をつくるのが上手になったのは、このコロナ禍で大きく変わったことです。直接仕事には関わりがなくても、そうしていろいろやっていたら、そのうちいい影響がでるんじゃないかな。早く旅先の風景画を描きたいです。北欧の空を描いてみたいんですよね」

次の週末は、バイオリンの体験に行くらしい。大好きなアニメーション作品で、少年が弾く『カントリーロード』。ひさしぶりに観ていたら、なんだかやってみたくなったと秋山さんが恥ずかしそうに笑う。

上手とか下手とか、仕事に役立つとか役立たないとか、なにを頭でっかちに考えていたんだろう。やってみたい、行ってみたい、触れてみたい。そんな好奇心に素直にしたがう気持ちを、わたしはすっかり忘れていた。

取材の帰り道、何度も前を通っていたのに「また今度」と思っていた洋菓子屋でカヌレを買ってみた。カヌレひとつにも、新しい出会いがある。動けば風は吹くし、そうすれば、なにかが転がりだすだろう。

色とりどりの世界は、きっとすぐそばにある。

秋山香奈子（あきやま・かなこ）

「ＳＵＮＮＹ ＣＬＯＵＤＹ ＲＡＩＮＹ」店主。「古いものとあたらしいもの。お洋服から日用品、食にまつわるものも少し。毎日変わる天気のように変化のあるお店。」をコンセプトにセレクトショップを営む。

わたしのレシートから

03

水を掻いて、あたらしい世界を見つけにいく

買ったもの
SWANS スイミングゴーグル　ブラック　1007円
MIZUNO スイムグッズ耳栓オレンジ　411円
(アマゾンにて)

まさかこのわたしが、みずからゴーグルを買う日が来るなんて思いもしなかった。しかも、耳栓まで。

運動とは無縁の人生を送ってきた。子どものときは、鬼ごっこよりもじっと体をひそめていられるかくれんぼが好きだったし、体育の授業には、ろくな思い出がない。水泳などその最たるもので、ほとんど泳げないわたしは、とにかく苦痛でしかなかった。真面目にやっていても、ふざけている人の半

分も泳げない。体型に自信がないわたしは、からだのシルエットをすべてさらけだす水着の存在にも暗い気持ちしかなかったし、それは大人になってからも続いた。運動はいつでも向こう側の世界にあり、わたしはこちら側の人間だった。

そんなわたしが、昨年はじめて水泳教室の扉を叩いた。理由はふたつ。

同世代の女性が2人、3人と集まると、そこには必ず健康の話がある。それはイコール、どんな運動をしているか、という話だ。

健康と運動はワンセット。ずっと心のどこかで運動をしなくてはという気持ちがこびりついていた。少し前までの「美容のため」「体型のため」という理由から、切実な「健康のため」に変わりつつあるいま、脅迫や恐れにすら近い気持ちでもあった。

ウォーキング、動画を見ながらのダンス、ジム、ヨガ。結局どれも続かなかった。

でもほんとうは、ずっと思っていたのだ。泳げたらいいのに、と。走れたらいいな、テニスができたらいいな。あらゆる「できたらいいな」はあるけれど、そのなかでも泳ぎは、自分にはとりわけ縁遠く、ハードルも高い。だからこそ、あこがれだった。

もうひとつの理由は、娘に泳ぐ姿を見せたかったからだ。

娘もまた、運動が得意ではない。最近はスイミングといえば習い事の定番で、水泳の授業でも泳げる子がほとんどだという。わたしはその機会を、すっかり見失っていたらしく、気づけば娘もまた、ほぼ泳げないまま4年生になっていた。

泳げないと、授業が楽しくない。楽しくないから、上手にならないという負のスパイラル。同じ轍を踏ませていることに危機感を抱いたわたしは、あわてて娘を全8回のクロール教室に押し込んだのだ。

もう大丈夫、これで今年の水泳の授業は、娘も「泳げる子」の仲間入りだろう。わたしはすっかり肩の荷が降りたような気でいた。

そして8回の講座を終え、迎えた夏の水泳シーズン。娘は最後の水泳の授業で、「蹴伸び15メートル」の欄に丸をつけて帰ってきたのだった。

わたしは娘に問うた。「なんで？ねえ、なんで泳げなかったの？せめてクロール15メートルとか無理だった？」

娘いわく、8回の講座で25メートルをマスターした子はいなかったらしい。ちょっとはできるようになったけれど、クロール15メートルの合格までは難しいのだといろいろ説明をもらったものの、どうも腑に落ちない。

しかし、実際に泳いだのは娘である。泳げないわたしの、どの口が言うのか。水の中で体を動かす彼女と、理屈だけで「泳げるはずだ」と陸から声を

張り上げているわたし。なにもかもが違っている。

そんな矢先、区の広報誌に見つけたのが「大人のためのはじめてのクロール講座」。全6回で、初心者から25メートル完泳を目指すという一文に、「これだ！」と思った。普段なら、どうしよう、やめておこうか、仕事もあるし時間もないしと言い訳を並べるのに、このときはめずらしく申し込みに走った。なぜだかわからない。なにかが変わるような予感があったのだ。

1、2、3、プハーッ！
水の中では、思うように息を吐けない。吐けないと、顔を上げても吸い込めない。そこでまずは、リズムに合わせて水中で息を吐き、水面に顔を上げて吸い込む練習からスタートする。

水の中は不思議だ。音も視界もくぐもった世界では、視覚、聴覚のすべてが溶けて、心とからだの感覚だけで生きている気がする。

吐いて、吸って、吐いて、吸って。ひたすら、呼吸だけに集中する。ほかにはなにも考えない。ヨガのレッスンで、お腹に手を当てながら呼吸の練習をしたことがあるけれど、それともまた違う。水の中はもっと、ずっと、呼吸がすべてをつかさどっている気持ちになる。

生きるために酸素を取り込む、そのシンプルなからだのつくりを思い知る。吐いて、吸って、吐いて、吸って。これは、マインドフルネスだ。

プールでは、みなすっぴんだ。水泳キャップでぎゅっと髪をまとめているから、おしゃれなメイクもヘアスタイルも、ファッションもなにもない。これまで気になっていた、顔の大きさや足の太さ、お腹まわりや二の腕のたるみといったことを考えまくる次元は、初回3分でゆうに超えてしまった。一緒に参加している人が、わたしより20、30と年上の人ばかりだったのも、余計な見栄や邪念と切り離してくれたのかもしれない。

とにかくプールサイドでは、いまこの瞬間の呼吸と手足の動き、ただそれだけだ。

何度目かの練習で、夫に借りていた古いゴーグルのゴムがパチンと切れた。同時に息継ぎの練習も始まり、顔を傾けるとどうしても耳に水が入ってしまうのをコーチに相談したところ「テクニックの問題よりも耳の形によるので、耳栓を」と言われ、はじめて水泳用の耳栓というものを手に取った。お金を払い、新たに道具を揃えるというのは、「この先も、がんばるぞ」という胸の内をかたちにする行為でもある。

耳栓はオレンジ色で、小さな丸いケースに入っている。わたしが泳ぐための道具だと思うと、うれしくて、ちょっとこそばゆい。

さて、結果はというと、わたしは25メートルを泳げるようになった。正確

にいうと、学生時代の「もがきながら25メートルにたどり着いていた」というありさまから、「なんとなくクロールらしいフォームで、息継ぎをしながら泳ぎ切れた」というところだろうか。

胸を張って「泳げる」とは言い難く、本格的なスイミングスクールなら合格マークはもらえないだろう。それでも、一度も足をつかずに向こう側の壁をタッチできたときの感覚は忘れられない。

自分の手で、自分の世界を変えたという実感があったと言うと、おおげさだろうか。それでもいい。たった2ヶ月足らずで、少し前とは違う自分になれたのだ。


以来、細々とだけれど泳ぎを習う日々が続いている。先日は、はじめて背泳ぎを習った。半分水に浸かりながら見る天井は、いつも見ているプールとは別の場所みたいだ。最初のころは、なにも見えなかった水の底が、上から差す光やはじける泡で、ゆらゆら、キラキラしていることも知った。

きっと、まだまだ知らない景色がある。水を掻いた先に、新しい世界が広がっている。

レシートで考えた「仕事」

写真とコーヒー、ふたつを結ぶ父の夢

「妻に電話してから買ったんです。『なんか、いるものある?』って」。

仕事の空き時間に買った、柔軟剤と泥汚れ用の石けん3つ。自宅からやけに遠い店で日用品を買っているのを不思議に思っていたら、その答えに人柄がにじむ。


フォトグラファーの木村文平さんは、山形で曽祖父の代から100年以上続く写真館に生まれた。兄もその道を継いでいる。生粋の写真一家だ。

共働きで、財布はそれぞれ。「家計財布をつくりたい」と言いながらも、出先で自分の財布からよくお土産を買うという。家族が好きなパンやお菓子、レシートにもあった花。

子どもたちは、三つ子の小学3年生だ。となると、コロナ禍の自粛中はさぞ大変だったのではと想像するが、意外にも「すごく平和で楽しかったんですよ」とニコニコ顔で教えてくれた。

みんなで工作をしたり、ロボットを組み立てたり。コロナ禍で撮影の仕事はすっかりな

くなってしまったけれど、バラエティ番組を観ながら家族で笑いあう時間は、自分の子どもも時代とも重なった。これはこれで悪くない、そう思った。

そんな木村さん、夫婦で別財布なら趣味のものは自由に買えるのかと聞くと、迷わずイエスの返事。気になるその用途は、コーヒー豆だった。

「コーヒーが好きで、よく豆を買います。オーストラリアはコーヒー文化が盛んで、その流れを汲んだショップが都内にもいくつかあるんです。きっかけですか？　ちょっと恥ずかしいんですけど、サードウェーブコーヒーがブームになりましたよね。ブレンドではなく単一の豆で、農園や品種による個性を味わうような楽しみかたです。はじめて飲んだとき、コーヒーの味ってこんなにフルーティーなんだって、びっくりしたんです」

これまでも好きだったけれど、せいぜい近くの輸入食材店で豆を買う程度。それがいまでは、わざわざおいしい豆を求めてあちこちに出向く。

きっと、知れば知るほど奥の深い世界に違いない。そんな趣味があるってうらやましいなぁと思っていたら、木村さんがぽつりと言った。

「僕ね、実はコーヒーのお店をやろうと思ってたんですよ。コロナの前までは」

どうやらコーヒーのレシートは、単なるお父さんの趣味の出費ではなかったようだ。

「カメラの仕事が、ほんとうにいつも忙しかったんです。少しペースをゆるめるために、アシスタントを雇おうと考えました。大掛かりな撮影のときには手が足りないんです。ただ僕の場合は個人のお宅に行く仕事も多く、そういうときは大勢でうかがえないので、自分ひとりで行くことになります」

ならば、好きなコーヒーを味方にしてはどうだろう、と木村さんは考えた。

事務所に併設した、おいしい一杯を提供するコーヒースタンド。これなら撮影の手伝いを頼めないときには、店の仕事をお願いできる。事務所と兼ねれば売り上げを細かく気にする必要もない。

「結構長い間、考えていたんですよ。あるとき取材で、未経験からセレクトショップを始めた方の話を聞いたんです。オーナーさんは自分と同世代。やりたいことをやるっていいなぁ、自分にもできるかもと背中を押された気分でした」

夢がじわじわと現実味を増すなか、忘年会で偶然隣に居合わせた占い師の言葉が決心を固めた。

「コーヒー屋の話をしたら、『あなた、2020年は9年に一度の悪い年だから、今年中にやっちゃったほうがいい』って。え〜！ってなりましたね、だってもう今年終わっちゃうじゃないですか。聞けば、占いの『今年』は立春までだから2月までに足がかりだけでもって言われたんです」

のんびりと描いていた未来予想図に降りかかった、思いがけない「今すぐ！」。そうこうするうちに年が明け、あれよあれよと情勢の雲行きもあやしくなり、いまに至るというわけだ。

「自粛期間に突入し、コーヒー屋どころか、本業のほうもぐらつきそうなくらいに仕事が

COUNTERPART
[領収書]
2020/07/05 11:35:51
レジ:0002 担当:0001
REFILL DRINK 200yen OFF
レシート持参【本日のみ有効】
DRUG STORE
SEKI
領収証
Primavera
FLOWER SHOP
[領収書]
フラワーショップ
プリマベーラ
2020/03/27 17:46:22
レジ:0008 担当:0001
ご利用ありがとうございます。
又のご利用お待ちしております。

キャンセル続きでしたね」

「ずっと悩んでたよね」。隣で話を聞いていた妻が、当時の様子を切り出してくれた。

「知り合いのデザイナーさんが、飲食店の応援としてメニューづくりを請け負っていて、それを写真でお手伝いさせてもらったんです。そのとき、いまの状況の中でみんな、それぞれ社会のためになにかしていると感じたみたい。自分はフォトグラファーとしてなにができるのか、ずっと彼は考えていたんです」

医療や交通、物流。インフラに携わる人たちが社会を動かし続けてくれている。それなのに、自分にはできることがない。フォトグラファーは現場に出向き、人に会って写真を撮るのが仕事なのだ。

「僕の仕事は、自分がどんなにやりたくても、人に会えなければ成り立たないんだと実感しました」

ざわざわとした社会の様子をよそに、じっと家で過ごす毎日。

「自粛中の暮らしは平和で楽しかった」という先の言葉の裏側を想像すると、苦しさがこみ上げる。わたしも、自分のまわりにいる働く人たちを見ながら、こんな状況下での「書く」ことの役割についてずっと考えていたし、その答えはまだ見つかっていない。

それでも、自分はなにができるんだろう、なにをしたらいいんだろう、と木村さんは問い続けた。

なにか見つかりましたか。その問いに、木村さんは少しの沈黙のあとに答えてくれた。

「考えたんですけどね、やっぱり写真以外、なにも出てこなかったんです」

写真の仕事がかなわなくなってもなお、思い浮かぶのは写真のことばかり。コーヒースタンドだって、本業を楽しく長く続けたい一心からの夢なのだ。


取材も終盤にさしかかったころ、木村さんがコーヒーを淹れてくれた。今日のためにと豆を買い、その場で挽いて、ていねいにドリップしたコーヒー。

「口に合うかな、どうかな」と、心配しながら差し出してくれたその一杯は、おせじ抜きにとてもおいしかった。厳しい渦中に最前線で働く人がいる一方で、こうして安らぐ一杯のコーヒーを淹れる人だって必要だ。　そして、おいしいね、あったかいねという気持ちを伝える写真の力も、わたしは信じたい。


いま、仕事はまた木村さんのもとへ戻ってきた。忙しさのペースも元に戻りつつある。

「すごくありがたいです。でも、こうやって悩んだ気持ちを忘れてしまうのが怖いとも感じています」

悩んでいるお父さんの頭を、3人の子どもたちは代わる代わる撫でてくれたらしい。「妻が自分の悩んでいたことを、ちゃんと覚えていてくれて驚いた」とも話していた。

毎日は新しいことが次々とやってきて、どんどんアップデートされていく。いまの気持ちを忘れたくないけれど、薄れていくのだろうか。それは前に進んでいる証なのだろうか。でもやっぱり忘れたくないことはある。勝手ながら、忘れてほしくないとも思う。

「これから先ですか？　どうしようかなぁ。また占いに行ってみようかな（笑）」

木村文平（きむら・ぶんぺい）

フォトグラファー。雑誌や広告、書籍などで活躍する一方で、撮影技法をわかりやすく伝える講師活動も。著書に『雰囲気写真の撮り方 ナチュラルな光を活かすデジカメ撮影術』。

土曜、渋谷、11時。待ち合わせはドーナツショップで

「月に二度、花生けをお願いしているんです。野に咲く花のようなイメージでとお伝えして、あとはおまかせ」

うかがったタイミングは、ちょうどその生け込みが終わった直後。窓からのたっぷりの光のなかで、あちこちに小さな春がほころんでいる。

落ち着いた白の塗り壁に、アート作品。書棚に並ぶ文芸書や写真集。ギャラリーのような空間は、フェイシャルトリートメントのサロンだ。その店主、舘山信子さんのレシートを拝見した。

3月下旬、とある休日。

所用を済ませるため先に家を出た舘山さんが、家族と待ち合わせたのは渋谷のドーナツショップ。ドーナツがふたつ、それにカフェラテとココア。そこからレシートは、アニメーション映画『竜とそばかすの姫』、近くの串揚げ屋、旅行代理店、ケーキ屋……と続く。ちなみにケーキはふたりで3個。夫婦揃ってお酒も甘いものも、というクチらしい。

「映画を見たあと、なにか食べて帰ろうと。でも早い時間だからなかなかお店が開いておらず、サクッと食べて飲めるところを探して入りました。そうしたら、なんだかいい気分になっちゃって。ふと思い立ち、その足ですぐ近くの旅行会社に向かい、夫と一緒にチケットを予約したんです」

ふと思い立って、旅のチケットを。

そんな自由は、ずいぶん遠い過去に置いてきてしまったようにも思う。そもそも、明日の状況すら見えないこのご時世。チケットに記された未来の日付が、どんな社会になっているかは誰にもわからない。

「こんなこと、わたしもはじめてです。いつでも行けると思っていたのにまさかこんな世の中になるなんて。だからこそ、申し込んでおきたいと考えたんでしょうね」

レシートは、こうなりたいという未来が綴られている。そんなことは前にも書いた。ひさしぶりに気持ちよくお金を使った旅行チケットのレシート。そこに舘山さんの願いが見えるような気がした。


それにしても串あげにケーキ、朝にはドーナツも食べているのだから、なんとも楽しげな一日だ。

夫婦で毎日の晩酌も欠かさない。勝手ながら、美容に携わる人というのは、もっとストイックに暮らしているのだと思っていた。この日はたまたま羽目をはずしたのですか？

そう聞くつもりが、翌日はうなぎ、そのすぐあとにはとんかつ定食のレシートが。

「食べることに我慢は、あんまりしないですね。そうでなくとも、コロナ禍が始まってからは、ずーっと我慢してきたでしょう。だから、ちょっとだけ心をほどいてみたんです」


舘山さんがこの店を始めたのは、45歳のとき。長く身を置いた広告業界を44歳で離れ、心機一転、選んだのがフェイシャルの世界だった。

「フェイシャルサロンが好きで、あちこちよく行っていました。でも、どこも個室で薄暗いんです。落ち着くのもあるのでしょうが、わたしは明るく開放的な場所が好き。それがないなら、空間からつくってしまおうと思いました。それに、その年齢では未経験者は雇ってもらえません。やりたいなら自分で始めるしかなかったんです」

それでも最初の5年ほどは、どうしてこんなこと始めたんだろうと思いながらの毎日だったらしい。けれどしだいにお客さまに恵まれ、8年目を迎えようという2020年。世の中はひっくり返ってしまった。

「去年は絶対に店をつぶしてはいけない、その思いでやっていました。コロナを理由にだけはしたくないです。だって悔しいじゃないですか」

我慢から心をほどき、たのしいことばかりに浸かっているのではない。いまも常に、緊張とは隣り合わせにある。

それでも、舘山さんの口からは楽しいことしかこぼれないし、ツヤツヤの肌と笑顔を見ていると、こちらまで元気になる。なにか、これだけはと決めたこだわりを大切にしているのだろうか。

「わたしね、『こだわる』という言葉を使いたくないんです。こだわっていると、もったいない気がします。だから、いいなと思ったらすぐにそっちのほうへ流れちゃう。『絶対

やらなくちゃ』って無理はやめたほうが、楽に生きられると思います。大切にしていることがあるとしたら、嘘はつかないということかな。ごまかしちゃうくらいはあるかもしれないけれど（笑）」

楽に生きる、と舘山さんは言ったけれど、楽なほうへ流されることとはきっと違う。心に嘘をつかず、楽しいほう、健やかな心になるほうへ向かうことが、いつも平坦な道とは限らない。

「だからケーキも食べたいときに食べて、お酒も飲んで。健康だけは気をつけながらね」

すっかり心をマッサージしてもらったような、清々しい気持ちで店を出た。

ふと見上げると、青空を背景に「美肌室ソ

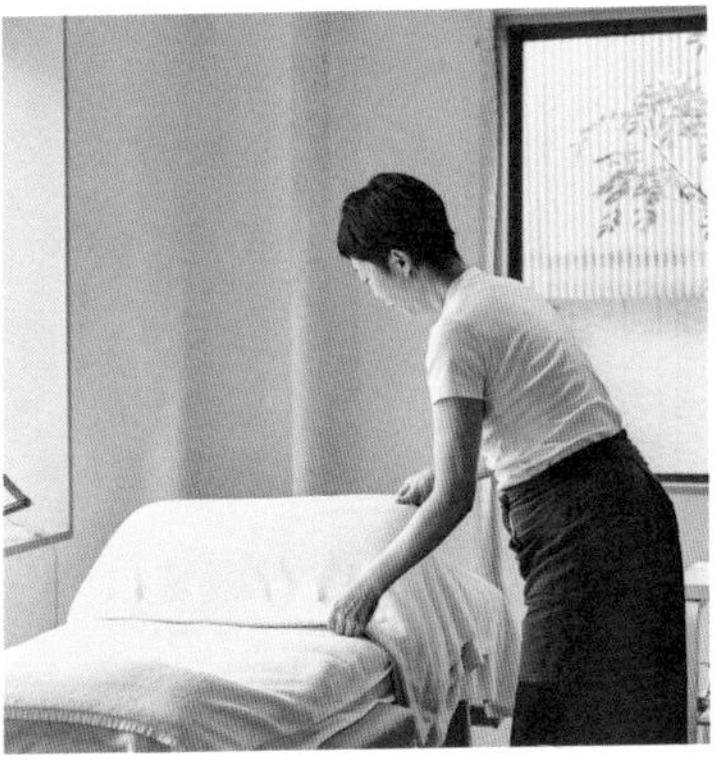

ラ」と書かれた鳥のマークが揺れている。
「空は、誰の上にもあるでしょう。見上げたら、いつでも思い出してもらえると思って」。
それが店名の由来らしい。

空を見上げながら、「こだわらない」と反芻する。年齢、社会、誰かの目。制限していたのは自分自身かもしれないと気づき、わたしの心もほどけていくようだった。

舘山信子（たてやま・のぶこ）
「美肌室ソラ」店主。佐伯チズが校長を務める佐伯式美肌塾チャモロジースクール、プロフェッショナルコースの最終期生として卒業し。２０１２年、東京・青山に開業。

トマトひと盛り98円、地図にはないしあわせ

気に入りの白いブラウスがある。

ふっくらとした五分袖で、白の刺繍で柄が散りばめられている。それはよく見るとセミやクワガタなどの昆虫だ。こう書くとちょっと奇抜に思えるけれど、生地と同色の刺繍はレース模様のようで、目をこらすと気づくおもしろさがある。

ちょっと緊張する取材やはじめましての方に会うようなときには、これを着る。「それ、もしかしてトンボですか？」そんな一言が打ち解けるきっかけをくれる、わたしにとってお守りのような一枚だ。


アトリエの扉を開けると、ぎっしりと詰まった大きな本棚が目に飛び込んできた。ヨーロッパの労働者たちが映るポートレートの写真集に、中国の刺繍や織機の本、江戸の職業を網羅した風俗学もある。

「国内外で集めた本がイメージの元になることも多いですね。江戸はすごく好きな時代。

行けるなら江戸の町に行ってみたいんですよ」

　そう話すのは「ＡＳＥＥＤＯＮＣＬÖＵＤ（アシードンクラウド）」デザイナーの玉井健太郎さん。先述のブラウスの生みの親だ。


　ホットケーキミックスに卵、豆腐、ブロッコリー。親しみのある食材が並ぶスーパーのレシートに、少しほっとした。ファッションデザイナーにも日常がある、そんな当たり前のことを思ったからだ。

「休日、妻によくつくってもらいます。軽くつぶしたバナナを入れて、ココナツオイルで焼くのがすごくおいしいんです。ホットケーキって、子どものころから日曜日のイメージがあるから、食べると休日を迎えたって感じがします。でも子どものころ食べていたものより、これはもっとおいしいですね。ココナツオイルで、味がずいぶん変わりますよ」


　スーパーにケーキ屋、ドラッグストア。いくつかレシートを見せてもらいながら最後の一枚になったとき、玉井さんの表情がちょっとだけ少年のようになった。

「これね、すごいんですよ」

　98円、１００円、２００円……、店名も明細もない、短いレシートだ。

「アトリエ近くの住宅街にある八百屋さん。ちょっとした傷ものや規格外の野菜が、すごい値段で売られているんです。先日なんて、巨峰が3パック298円、桃は3玉で290円。キュウリも曲がってぐにゃぐにゃなんだけど、ざっと入って100円とか。しかも、ちゃんとおいしい。野菜やフルーツだから、たまにハズレもあるんですけど、それも含めて自分の目利きが問われるというか。でもスーパーで買うより断然おいしいです」

日常の中の、小さな贅沢をたっぷり味わえるしあわせ。「今日は何があるんだろう」という、宝探しのようなわくわく感。そのよろこびをアトリエのみんなで共有するのもまた楽しいらしく、「いま、一番なくなってほしくない店ですね」と笑う。

「昔だったら散歩していて、いい古着屋を見つけたときかな。そんな気持ちに近いのかもしれません。でもいまは、この八百屋がめちゃくちゃうれしい。自分の価値観が変わったのかな、歳ですね（笑）」

家からアトリエまでは自転車で20分。最近は仕事中の移動も人混みを避け、自転車に乗ることが増えたらしい。

「この八百屋も、電車やバスを使っていたら絶対に通らない道です。自転車だからなんと

毎度ありがとうございます
2020年08月18日
12:3
001
部門01
部門01
部門01
部門01
部門01
部門01
外税対象
外税 8.0%
毎度ありがとうございます
2020年08月25日
128 点
12:37
2154
部門01

なく行き当たりばったりで走っていたら、あれ？って。散歩は発見がありますよね。こんなにネットが発達しても、まだまだ穴場はいっぱいある。新しい刺激を与えると脳が活性化して、どんどん新しい情報や発見を得られる気がします。だから、なるべく知らない道を通ったり、新しい景色を見たいんです。ロンドンに住んでいたころは、知らない道がないくらい、家の周りをくまなく歩き回っていたし、そこに発見がたくさんありました」

昔は雑誌の住所を頼りに、あっちかな、この角を曲がってみようかと行ったり来たりして、不安になりはじめたころに、目当ての看板を見つけてホッとしたものだ。いまは、スマホの中で、自分と同じ動きをする青い丸を見つめていれば迷うこともない。けれど、あの見つかりそうで見つからない道中にこそ、思いがけない宝物がころがっていたりしたのではないか。

なにより、そこにある情報や予想を超える出会いは、自分の手や足を動かした時ほどキャッチできる気がする。

「よかったら、このあと一緒に行ってみませんか」

玉井さんがわたしたち取材陣に声をかけてくれ、二つ返事でご一緒させてもらった。

「どの道を曲がるんだったかな。偶然見つけたところだから、いまでも時々迷うんですよ」と、つぶやきながら進んだ先に、その店はあった。

ダンボールに走り書きした「280円」の値札がシャインマスカットを指していると気づき、思わず二度見する。男性のこぶしほどの完熟トマトが6玉98円、プチトマトはポリ袋に詰め放題で99円。少々小ぶりながら、ひと房150円の巨峰。このあともう一件予定があるのも忘れて買い込み、ずっしりとした戦利品の重みに、お宝感をかみしめた。

玉井さんの経歴には、ドイツに暮らし、ロンドンでファッションを学び、マーガレット・ハウエルのアシスタントを務めたという、わたしにはずいぶん遠い世界に思える華やかな文字が並ぶ。でも、彼がつくる洋服を構成しているのは、きっとそれだけではない。ファッションは着飾ると同時に、生活を支えるものでもある。働き、遊び、食べて、生きていく。それは生活じみたことではなく、人間らしく生きるプリミティブな行為だろう。

バナナ入りのホットケーキで日曜日をご機嫌に過ごし、今日はなにがあるかと八百屋をのぞく。そんな、ささやかなよろこびにもデザインの種はひそんでいる。

生活者としての日常を楽しむ玉井さんを見ていると、わたしの白いブラウスが生まれた

背景に、ほんの少しだけ近づけた気がした。

玉井健太郎（たまい・けんたろう）

『ASEEDONCLÖUD』デザイナー。セントラル・セント・マーチンズ芸術大学卒業後、ロンドンでマーガレット・ハウエルUKのアシスタントデザイナーを務める。ブランド名の由来は、幼稚園のころ創作した絵本『くもにのったたね』から。

日々新しく、染まるため

30センチはありそうな長さの一枚は、「わが家の名物レシートです」。家族3人、1週間分の食材である。かぼちゃに小松菜、みかん、柿。ラム肉、鶏モモ肉、イナダの刺身。牛乳、豆腐、そして納豆。野菜も果物も肉も、たっぷりだ。

買出しは、日曜の夕方にまとめて。空っぽになった冷蔵庫を旬の食材で満たし、新たな1週間がはじまる。そのすこやかなサイクルが、心地いいのだそうだ。

「近くのスーパーは、鮮度がどれもすばらしいんです。野菜だけでなく、お魚は丸のままを目の前でさばいてくれるし、切り身も新鮮。お肉はラムやホルモンまで揃います。夫がステーキにするラムは、息子の大好物です。この日は何を食べたんだったかな、そうそう、イナダです。外食のあとで、それほどお腹が空いていなかったからイナダをカルパッチョにして、あとはサラダだけつくって、家族で乾杯しました」

日曜の夜は新鮮な肉や魚を使い、ちょっとしたごちそうを家族で囲むのが定番だ。ちなみに拝見した三枚、つまり3週分のレシートは、買い物の時刻も合計金額もほぼ同じ。これだけでも、家族が大切にしているものが、ほんの少し浮かび上がる。

下道千晶さんが、千葉の内房に越してきて5年。自分たちで4代目となる古民家は、長くのびる縁側や立派な柱、細工の美しい欄間がいまも大切に残されており、愛情をもって住み継がれてきたことが伝わってきた。

「ずっと、おばあちゃんの家みたいな田舎で暮らしたいと思っていました。母方の祖母が山形で農業をしていて、夏休みをそこで過ごしていたんです。軽トラの後ろに乗って畑に行き、カゴを背負ってトマトやナスを収穫する、トトロの世界みたいな毎日。行くと青々としていた田んぼが、帰るころには一面金色になっていました」

大人になってからも、仕事で疲れると暇を見つけては祖母を訪ねた。いまは5歳になる息子が畑や海を駆け回り、その様子があのころの自分と重なる。

「ずっと自分の世界のなかで生きていたのが、小学校に上がると、突然、時間割やルールがある社会生活が始まりますよね。あっちとこっちのグループはカラーが違うとか、友達の顔色をうかがうとか、人間関係にも暗黙の決まりがあります。そこで上手に立ち回れなかったんです。だんだんと、どうしよう、わからない！って感じるようになりました」
そんなときでも祖母の家に行くと、そこには圧倒的な存在で、自然が横たわっている。田舎の空気に身を置くと、教室のなかの世界はずいぶんと遠いことのようにも感じられた。

学校で特に大きな問題があったわけではないし、祖母にだけ悩みを打ち明けていたわけでもない。けれど、祖母と生活を共にし、自然のなかで過ごす時間は絡まっていた心をほどいてくれたし、帰るころにはすっかり気持ちの整理をつけられるようになっていた。

下道さんにとっての自分らしくいられる場所。心をリセットし、まっさらに整えてくれる場所が祖母の家であり、田舎の暮らしだったのだ。

「子どもながらに、人目が気になっていたのかな。ちゃんとしなくちゃ、という気持ちが強かったのかもしれません。もし街なかで転んだら、恥ずかしい、早く立ち上がらなきゃと、痛み以外の感情でいっぱいになります。でも、自然のなかでは転んでも誰も笑わないし、自分も気にならないんです。残るのは、転んだことと膝の痛み、その事実だけ。だからきっと、自然のなかで過ごすと楽なのだと思います」
たとえに深くうなずきながらも、小さな違和感が頭をよぎる。彼女の職業はモデルだ。

D2ケーヨーデイツー
領 収 書
領収書
2021年10月12日
¥1,500
新宿高速バスターミナル株式会社
バスタ新宿券売機 4号機
2021年10月12日 16:35

それは、人に見られる仕事の最たるものではないのだろうか。

「モデルは表現手段です。言葉でうまく自分を表せないから、別の手段が欲しかったのかもしれません。自分のからだひとつで表現できるおもしろさに夢中になりました」

学生時代は絵にぶつけ、大人になってからは服飾デザインが自分を表現する術だった。そこから、デザインの世界を通じて声がかかり、いまは「おばあちゃんになっても続けていきたい」と話すほど、この仕事に魅力を感じている。

レシートのなかに、新宿駅で買った高速バスチケットの控えがあった。撮影がある日は、早朝のバスで都内へ向かう。

「仕事に、葛藤や悩みがまったくないわけではありません。都内に住んでいたときは、そういうモヤモヤをくっつけたまま帰宅していたのかも。でもいまは、なにかあっても帰りのバスに乗って海を渡るあたりから、だんだんと心が開いていくのがわかるんです」

東京と千葉を結ぶのは、海を越える長い橋である。都会のビル群を抜け、キラキラ光る海を渡る。やがて出口のトンネルを抜けると、景色は一気に色を変える。

「海は不思議です。今日みたいに晴れた日はもちろん気持ちがいいですが、曇りの日も、荒れている日も、それぞれに心を受け止めてもらえる気がします。窓の向こうがビルから海に、そして田んぼや畑に変わるのを眺めながら、玄関に着くころには、すっかりオフの自分に戻っています」

下道さんは、モデルのほかに藍染め作家としての顔ももつ。1着を染め直し大切に着続ける精神に惹かれ、みずからも手がけるようになった。藍は、綿や麻、絹などの天然素材が、よりきれいに染まると聞く。

原風景である田舎の存在が、いまは千葉のわが家となった。豊かな自然で心を洗い、家族で食卓を囲む時間が、美しく染まる日々を支えているのかもしれない。

下道千晶（したみち・ちあき）
モデル、染色作家。雑誌や広告などでモデルとして活動しながら、染め直しのオーダーやワークショップ講師も手がける。

新聞、銭湯、傘づくり。降っても晴れても続くこと

赤いタイル張りの建物は、元・おでん種の製造工場。当時の看板がそのままの様子に少々不安に思いながら近づくと、同時にドアが開き、坊主頭の男性が顔をのぞかせた。

「こんにちは。場所、すぐわかりましたか？」

傘作家の飯田純久さん。あじさいやミモザといった植物から、のり弁や綿棒のようなモチーフまで、やさしさやユニークさに満ちたデザインの傘は、どれも飯田さんがつくったもの。

ここは、オーダーメイドの傘で知られる「イイダ傘店」のアトリエだ。

コンビニ、ホームセンター、コーヒーショップ。そのなかに「新聞」のレシートを見つけた。

自宅がある神奈川の山あいから都内のアトリエまでは、片道約1時間。そのお供として、電車のときは新聞を、車のときは同じ値段でコーヒーを買うのが習慣らしい。

「新聞って、取ると読まずにたまっていきませんか。でも、その都度お金を払うと、なぜかちゃんと読むんです。雑誌に近い感覚なのかもしれません。一部ずつ買うと、日によって新聞社を選べるのもいいですよね」

時事ニュースはもちろん、書評や健康の話題、ときには専門家による宇宙の話まで。思いがけず出会える読み物が充実しているのも、新聞のおもしろさだ。

とりわけ好きなのは投書欄。10代からの社会への訴えもあれば、90代のおじいちゃんのなんでもない思い出話があったりもする。数日後、投稿者とは別の人から返事のような投書が載ることもあり、それは読んでいる人だけが共有できる小さなお楽しみ。

「学生時代にコンビニでバイトをしていたと

き、サラリーマンが新聞を買っていく様子を見ていました。銘柄だけ言ってお金を置いて、自分でシュッと抜き取っていくんです。新聞を片手に毎日同じ電車に乗って、昼はなじみの立ち食い蕎麦屋に行くような、いわゆるサラリーマンの姿にどこかあこがれていたんですよね。卒業して社会に出ると、自分でも実践するようになりました。その頃から、もう20年以上買って読んでいます」

街で見かけるサラリーマンは、父の姿とも重なっている。一番すぐそばで見てきた、働く人の姿である。

当時から続くもうひとつの習慣が、レシートにもあった銭湯通い。

「アトリエ近くにある、昔ながらの銭湯です。この日はレシートが欲しいです、って伝えたら受付は大慌てでね。最終的に店主のおっちゃんが出てきて領収書を書いてくれました。もう一枚は自宅のそばにあるところで、こっちは温泉。いいところです」

懐かしい湯気のにおいと、風呂桶のぶつかる音が記憶の向こうから押し寄せる。

銭湯のなにが好きですかとたずねると「無になる感じ」と言う。

「普段は、あれをしないと、これもしないと、と余計なことを考えてしまうじゃないですか。気分を変えようと外へ出ても、ついスマホや手帳を見てしまう。でも、銭湯だと裸、なにもない。それが好きなんです。まっさらなゼロの状態から仕事のアイデアが浮かぶのも、たいてい風呂にいるときです。『今日はこれを考えるぞ！』と意気込んで行くわけではないんです。ただ気持ちいいなあと浸かっていると、研ぎ澄まされていくのでしょうか。そのとき抱えている課題や、まだ机の上で手を動かす前段階みたいな形のないものが、ふと思いついたりします」

アイデアは、0から1になる部分が一番大切で、そして一番難しい。0のままでは、なにも生まれない。1までいけば、まわりのスタッフたちと進めることもできるし、ゴールまでなんとかたどり着ける。

在学中につくった一本の傘。それがきっかけとなり、卒業後は就職ではなくひとりで生きる道を選んだ。飯田さんは自分の生き方を「ロールプレイングゲームのよう」だという。みずからの手でその折々に必要なものを集めながら、通る道も順番も自分で決める、地道に進む人生。

「傘を仕事にした理由はいろいろありますが、雇われるのではなく自分で稼いで、そのお金で食べて、新聞を読んで、ときどき銭湯に行って。そうやって生きてみたかったんだと思います」

証
¥500ー
担当者
領収証No 0885
上記正に領収いたしました
深 大 湯
A LOT
(株)京王ストア
問い合わせは（フリー
TEL:0120-25-1
受付時間　平日9:3
（土、日、祝日は
2022年 1月25日(火)
0400朝日新聞
小　計
内税10%対象額
(10%内税額
合計
現計
上記正に領収いたしました
＜保管上のお願い＞
財布等に入れ保管戴く場合
印刷面を内側に折り保管
してください。
店舗コード：05302
セブン-イレブン
2022年01月31日(月) 08:38
レジ#2
責217
領　収　書
新　聞
小　計（税込10%）
合　計
(税率10%対象
(内消費税等10%
お　預　り
お　釣
¥160
¥160
¥160)
¥14)
¥300
¥140
160込
お買上明細は上記のとおりです。

ひとり暮らしの部屋でコツコツと傘をつくっていたときから、気づけばずいぶん経った。傘を欲しいと言ってくれる人が増えるにつれ、スタッフを抱えるようにもなった。ひとりぼっちの「ロールプレイングゲーム」は、会社というかたちになり、つくれる傘の数やアイテムも増えてきた。

「出張先で、スタッフへのお土産をなににしようかと選ぶのも楽しみなんです。そういう意味では、僕も夢のサラリーマンに近づいているのかもしれませんね」。ちょっとうれしそうに、いたずらっぽく飯田さんが笑う。

これからの目標はありますか？　そう問うと、じっくり考えて答えてくれた。

「年に2回の受注会を、これからも続けていくことです。どうやったら変わらず続けられるか、そのためになにができるかをずっと考えています。いまたくさんの傘をつくれるのは、受注会に来てくださった人たちがいたからで、そのコミュニケーションはこの先もていねいに向き合っていくつもりです。でもオーダーメイドの受注会は、手間も時間もかかります。効率を優先して頭だけで考えれば、別の方法が良いのかもしれません」

ちょっと油断すると、やめてしまうかもしれない。だからこそ「続ける」と意識しているのだという。そして迷ったときには、初心に立ち返る。

「僕が一番大切にしたいのは、多くの人に喜んでもらうこと。雨具をつくりたくて始めたわけではないんです。僕は傘を通じて、楽しんでもらえるなにかを生み出したいのだと思います」

同じことを続けていくのと、同じことを繰り返していくのとは、似ているようでまったく違う。変わる社会の中で、完成も正解もないことを、変わらず続けていく難しさを思う。だからこそ、新しいものを取り入れ枝葉を伸ばしながらも、大切な根っこを守り続けると決めている。

新聞を読み、ときどきひと風呂浴びながら、これからを考える。あのころと変わらない習慣も、変わりながら守り続けるいまを支えているのかもしれない。

自由でおおらかなデザインの傘を支えているのが、しっかりとした骨であるように。

飯田純久（いいだ・よしひさ）
傘作家。「イイダ傘店」主宰。オリジナルのテキスタイルデザインやパーツを選んでオーダーできる日傘・雨傘の受注会で日本各地を巡回している。

04

名刺に掲げたマニフェスト

買ったもの
ネームカード（エッジカラー蛍光ピンク）一〇〇枚　8340円
（オンラインの印刷会社にて）

名刺を注文するときは、いつも緊張し、そしてほんの少し迷う。わたしの名刺は、活版印刷と小口染めを組み合わせたデザイン。小口染めとは、紙の側面に色をつける仕上げのことで、名刺一枚の厚みとはいえ、ちらりと色が差す様子は、なかなかインパクトがある。

はじめての名刺は、はちみつのようなイエローだった。次につくるとき、せっかくなら色を変えてみようと蛍光ピンクにしたところ、名刺交換のたびに「あ、ピンク」と言われるようになった。イエローよりも、ずっと目に留まるらしい。はじめましての緊張を、小さな会話がほぐしてくれる。以来、注文のたびに迷わずピンクを選んでいる。

ではなにを迷うのかというと、肩書きである。

入稿の際は間違いがないか、これでほんとうに大丈夫かと何度も確認する。同時にそれは「この先も、この仕事を続けます」という決意と確認の瞬間でもある。

名前の横に小さく書かれた「編集／ライター」の文字。わたしが、わたしの仕事を決める瞬間だ。


自分の仕事は、自分で決めてきた。

いまの仕事の就いたのは、30歳を過ぎてからのこと。それまでは商品企画、その前は営業事務の仕事をしていた。大阪に住んでいたころの話だ。

大学時代の就職活動は、思い出すだけでも苦々しい。就活のセオリーも知らぬまま、やみくもに的外れなエントリーシートを書き続けていた。そうして、世の中の大きさと自分のちっぽけさを知るころ、気づけば残る求人は石材店に重機のリースといった、こんな仕事もあるのかとはじめて見る業界ばかり。残っていた仕事が悪いとは言わない。しかし当時の自分は、墓石にもショベルカーにも、これっぽっちも興味をもてなかった。

知りもしなかった業界への志望動機に、いったいなにを書いたのだろう。まったく思い出せないけれど、卒業間近の早春、一通の内定通知をもらった。

電線の専門商社である。

スマホの充電ケーブルや、ドライヤーの電気コード。電柱を結ぶ鳩やカラスの憩いの場。それらはすべて電線である。そのひとつひとつに生産メーカーがあり、扱う電気店や工場があり、ゆえに商社もあるのだということを、わたしは入社後に知った。

電線は屋内用、屋外用、芯材の種類や本数などによって分けられ、アルファベットと数字の羅列で商品型番が決まる。入社早々それを叩き込まれ、わたしは営業が受けた受注に合わせ、メーカーから取り寄せたり、倉庫に出荷を伝えたりする。これが営業事務だということも、仕事が始まってから知ったことだった。

毎日、駅から15分歩いて会社に着くと、ロッカールームでグレーのベストとタイトスカートの制服に着替える。朝礼が始まる30分以上前に出社し掃除をするのも、10時と15時にお茶を配ってまわるのも女性社員の仕事だった。当時のパソコン画面は、黒い背景に黄緑色の文字とカーソルがチカチカしていて、どこに打つのかわかりづらく、型番はもちろん取引先の会社名もさっぱり頭に入らない。

とんだ落ちこぼれだった。

結局、入社した年の12月に辞めた。辞める数日前にボーナスの支給があり、同期からロッカー室で「意外と多かったね！○万円ももらえるなんてびっく

りしたよ〜」と言われたのをいまでも覚えている。わたしの支給額は、その半分にも満たず、自分の無能さを知った。

全員の湯呑みやマグカップは、最後まで覚えられなかった。

次に働いたのは、ファンシー雑貨や文房具をつくるメーカーだ。小さいころから無類の文房具好きで、特にレターセットやシールを集めるのがなによりのしあわせだったわたしは、なじみのあるメーカーの名前を求人雑誌に見つけ、迷わず飛び込んだのだ。

面接では、いかに自分が文具好きかを切々と語り、未経験ながらも採用となった。中学生のときに使っていたシールを手がけたデザイナーが目の前に現れたときは驚いたし、あんなシールあったらいいな、こんなレターセット使ってみたいなという夢を、そのままかたちにできる毎日は感無量だった。

仕事内容は楽しかったものの、日々の業務や待遇はなかなかのハードさで、わたしの後に入社した人をたくさん見送ることとなった。あのとき採用されたのは、新入社員が続かないことも理由だったのだろうか。

3年ほど働き、次第に心をすり減らしたわたしが、次にお世話になったのは、通販メーカー。オリジナルの日用品からアパレル、インテリア雑貨までを幅広く揃える会社で、雑貨部門の商品企画として採用された。奇しくも、新卒のときにかなわなかった会社である。求人広告を見つけたときは運命だと思ったし、その切り抜きはいまも大切に保管している。

前職で、ものづくりのノウハウを得ていたこと、そして小中学生向けの雑貨と違い、今度は自分自身がターゲット層である商品の企画になったことで、水を得た魚のような気分だった。何十回、何百回とめくってきた大好きなカタログに自分の商品が掲載される。撮影に立ち会うのも、カタログコピーのチェックをするのも、ぜんぶ楽しかった。

いま思えば、このときすでに雑誌づくりに片足を突っ込んでいたのだと思う。自分の手がけた商品がカタログに載るとき、気になるのは商品写真よりも、いつもコピーのほうだった。

しかしその仕事も3年ほどで退社せざるを得なくなった。結婚と上京、人生が大きく動いた。

30歳。コネもツテも、なにもない東京で、また就活が始まった。

せっかく東京に来たのなら雑誌をつくってみたい、本に関わってみたい。そう思って、いくつか出版社を受けたけれど現実は厳しく、並行して転職エージェントにも登録した。その結果、わたしはふたつの選択肢を手にすることになる。

化粧品の商品企画と、インテリア雑誌の編集アシスタント。前者は六本木の高層ビルにあるオフィスで正社員。後者は、神保町の古いビルでのアルバイト。わたしはアルバイトを選び、それがいまの仕事への入り口となった。

著名人のインタビューなどで、「自分からこの仕事をしたいなんて、一度も思ったことがない。たまたま、自然と、流れのままに」なんて聞くたびに、うらやましく感じる。自分よりもまわりが認めている、そのまぶしさゆえだ。タレントのデビューのきっかけが、自分で送った履歴書よりも、「友達が勝手に送っちゃった」ほうが、なんとなく格好よく見えるのと似ている。

わたしはというと、ボロボロの営業事務を経て、そこから先は必死で自分のやりたいことを探し、つかみながら歩いてきた。自然体の人に比べ、なんて強欲で、自我が強いのだと恥ずかしく思ったこともある。

でもいま、肩書きを自分で決められる場所に立ち、思う。

自分の仕事は、自分で決めていい。仕事を決めることは、生き方を決めることだ。この先、こんなふうに生きていきますというシナリオを描くように、わたしは名刺百枚分、この先の自分を決める。

もちろん、人生は思い通りにいかないし、ときに誰かが差し出した仕事をありがたく受け取ることも必要だろう。思いがけず、まったく別の道を歩く可能性だってある。それでも、受け取るか受け取らないか、右に行くか左に行くかは、自分で選びたい。決めた道を引き返し、途中で変えたっていい。でもそれもぜんぶ、自分が決めていいのだと思う。

名刺の肩書きは、周囲に、そして自分に公言し、約束するささやかなマニフェストだ。

小口を染める蛍光ピンクも、最初のうちは自分らしくない気がしていたけれど、いつの間にか、この色こそが「わたし」となった。

この百枚がなくなるとき、わたしはどんな仕事をしているだろう。

次の百枚の肩書きを、なににしようと考えているだろうか。

レシートからみえた「未来」

お花、パン、コーヒー。この一枚は、しあわせになるためのチケット

「引っ越したばかりなんです」。そう案内されたマンションの一室は、越して間もないとはいえ、ずいぶんとこざっぱりしている。

訪ねたのは、編集者の堺あゆみさん。輸入業を手がけていたこともあり、海外諸国への旅も数知れず。旅とインテリアが大好きで、各地で求めた思い出の品を部屋のあちらこちらに飾っては楽しむ様子を知っていたわたしは、ちょっと驚いてしまった。

聞けばここ数年、ものを手放す心地よさを知り、考えが変わりはじめたらしい。それならば、買い物にもなにか変化が生まれているのでは。そんな思いを胸に、レシートを見せてもらった。

花屋にパン屋、コーヒーショップ。レシートにある店はどれも地元で、暮らしに欠かせない店ばかり。お気に入りの店が増えるごとに、街と仲良くなれる気がするらしい。

「パン屋さんは、学生時代の友達が遊びに来てくれるときに、ここのバゲットを食べてもらいたくて買いました。こっちのレシートは、ブーケを買ったときのもの。友達から届いたメールが落ち込んでいる様子だったので、黄色とオレンジ、元気になりそうな色を選んで玄関ドアにかけておいたんです。もう一枚は、なつかしいママ友に会うときに買ったお花かな。このとき、相手も同じ店でお花を選んでくれていたんですよ。うれしくて笑っちゃいました」

自分の街の好きなところを、大切な誰かにおすそわけしたい。そんな気持ちが伝わってくる。きっと、いい街なのだろう。

いわゆる〝断捨離〟を経て、以前よりコン

パクトなこの部屋に引っ越したのは2ヶ月前のこと。きっかけは、取材先でのある言葉だった。

「『経験や思い出は、ものではなく心のなかにある』というお話でした。そうか、世界中で買った雑貨を飾っては眺めてしあわせを感じていたつもりだけれど、違うのかもしれない。そう思って、試しに少しずつ手放してみたんです」

雑貨やうつわは、欲しいと言ってくれる友人の元へ。背丈ほどもあるクリスマスツリーは、福島に住む父が引き取ってくれた。避難住民の集会所へ飾ってくれるそうだ。

大切だと思っていたものが新たな居場所へ旅立つごとに、価値観が少しずつ、堺さんのなかで揺れ動いていく。そうして、2年ほどかけて周辺を見直した末に、引っ越しを決行したのだった。

引越し後、唯一迎えた家具がリビングのダイニングテーブルだ。

必要に応じてサイズを変えられるエクステンションタイプで、ゆるやかに弧を描いた長方形。おおらかな雰囲気が、天井の高いこの部屋によく似合っている。デンマークの古い家具だという。

「身軽でいたかったから、最初はレンタルするつもりでした。ものを買うのは簡単だけれど、手放す時の負担が大きいと痛感しましたから」

そんななか、真摯にアドバイスをしてくれるインテリアショップがあった。住まいの様子や好みはもちろん、堺さんの考えにも寄り添いながらアドバイスをくれた。そして出会ったのが、このダイニングテーブルというわけだ。

「信頼できる店主さんが、いつでもメンテナンスをしてくれる安心感がありました。なによりうれしかったのは、もしこの先、ライフスタイルが変わり不要になっても、引き取って手入れをし、次の人につないでもらえることです。自分のものだけれど、レンタルとは違うかたちでの『お借りしている』感覚が生まれました。子どもたちにも、そういう買い物の仕方があると感じ取ってもらえたらうれしいですね」

時間の経過とともに、リビングには穏やかな陽だまりができていた。

「気持ちいいでしょう？　ここでお昼寝するのが最高なの」。そう言って、愛用のブランケットを手に、堺さんが特等席をうれしそうに教えてくれる。

「部屋の広さも窓から見える景色も、前のほうが格段に贅沢でした。でも、結局は自分にとってなにがしあわせか、なのかな。いまのわたしは日当たりのいい、好きなものだけに囲まれた部屋でスッキリ暮らせる毎日が、すごくしあわせです」

マメココロ
端末番号:3573
2020-11-17 11:40:58
マメココロ1番ブレンド200g ※
【サービス】ホット無料 ※
取引ID:20879
小計
・バゲット
¥320
・パゲット・オリゼー
¥340 1点
・アルファ・バゲット
¥240 1点
・パンオショコラ
¥320 2点
・バトン・シュクレ
¥120 3点
小計 10点
合計
お預り
お釣り

以前の住まいは窓から見える緑がすばらしかったけれど、いま、視界に広がるのは住宅街だ。でも二方に窓があるこの部屋は、東京の空がどこまでも続き、光も風もたっぷりと注ぐ。

「窓から緑が見えないなら、ベランダの植物を増やせばいいですよね」。

そう言って、愛用の雪平鍋で植物に水をやる。鍋ひとつでなんでもできることも、この部屋に来て気づいた。

「実は最近、病気が見つかり、バタバタと生活も気持ちも落ち着かない日が続いていたんです。でも、レシートを見返していて思いました。おいしいパンもお花屋さんも、コーヒーも、わくわくすることを見つけようとしていたのかもしれません。どんなときにも自分を楽しませたい。そうしようとしていたんでしょうね」

湯船に浸かりながら、指先のしずくを「ダイヤモンドみたいね」と見つめる娘の瞳。子どもが拾い集めた晩秋の落ち葉。ベランダで感じる風の心地よさ。

不要なものを捨てたのではない。必要なものだけ選び取る彼女が教えてくれるしあわせは、わたしの日常にも見つかりそうなものばかりだ。

しあわせの定義なんて、どこにもない。でも、ひとつ気づいたのは、しあわせは誰も運んではくれないし、意志をもってこそ手にできるということだ。わたしには、彼女のしあわせになるぞと信じる強い気持ちこそが、自身をそちらに導いているように思える。

テーブルの上には、アネモネの花が揺れていた。中学1年生になる娘が、「この向きがいいかな、曲った茎をいかそうかな」とあれこれ考えながら活けてくれたという。

堺さんが愛でているのは、花の色かたちだけではないのだろう。

その背景も、テーブルの手触りも、差し込む光も、きっとすべてがしあわせの源なのだ。

堺あゆみ（さかい・あゆみ）

編集者。雑誌や書籍などの編集・執筆に従事。『edit JAPAN』を立ち上げ、フェアトレード食品の輸入販売などを経て、現在はインテリア&廃材コーディネートの活動も。

ガリガリ君と米粉パン。わたしのために見つけた仕事

あちこちに飾られた古い雑貨や家具、そして絵本。中学生のとき、お小遣いで買ったフレームをはじめ、どれも少しずつゆっくり集めてきたものばかりだ。壁に飾ったリトグラフは、オーストリアの絵本画家、リスベート・ツヴェルガーの作品である。

「ケーキ、召し上がりませんか。甘味は完熟バナナとチョコレートで、お砂糖は使っていないんです。プルーンも入れてみました」

お手製のチョコレートケーキを切り分けてもらいながら、取材は始まった。

静岡から上京し、就職、結婚。32歳で男の子を産み、以来子育て中心の暮らしを送ってきた。ここではIさんと呼ばせてもらうことにする。

「スーパーとパン屋さんのレシートですね。毎日のお弁当の材料くらいで、特に変わったものは買わないんです。特徴があるとしたら、バナナを絶対に切らさないこと、小麦粉じゃなくて米粉を選ぶところかな。こっちのレシートは米粉パン専門店で、週末に息子と

片道1時間、ウォーキングがてら歩いて買いに行きます。米粉パンってちょっと高いんですよ。だから、これは息子が食べる用」

「ガリガリ君」と書かれたコンビニの一枚に目が留まった。ロングセラーのアイスキャンディーだ。

「子どもに食べてみたいと言われて探しに行きました。うちはテレビがないので、YouTubeのCMか何かで見たのかな。彼はブドウ味が好きだから、マスカット味です。そうしたらね、食べてくれたんですよ」

「食べてくれたんですよ」に、驚きと喜びの気配があった。

小学5年生になる彼女の息子は自閉症である。特性上、食感や味にとても敏感で、はじめての食材にはかなり慎重だ。同時に重度のアレルギー持ちでもあるため、その両方をクリアできる食材は極端に少ない。

「自閉症ってこだわりが強いんです。知らないものに対しての恐怖心や視覚情報も大きいみたいですね。うちの場合は小さいころから炊いたご飯、米粒が食べられないんです」

幼児期は、唐揚げとフライドポテト、米粉パンケーキ。この3種で日々の食事をやりくりしていたというから、こうして食べられるものが増える喜びは計り知れない。

小麦アレルギーでパンが食べられず、ご飯もだめとくれば、頼りになるのが米粉の存在だ。毎日、給食の代わりに持たせる弁当には、米粉を駆使したパンケーキや蒸しパンが欠かせない。そして、それをおいしく仕上げる相棒が、常に買い置きしてあるバナナである。先のレシートにあった米粉パンは、親子でウォーキングの名目もあるけれど、毎夜、翌日の弁当用に米粉料理をつくる彼女にとって、息抜きできるご褒美でもあったのだ。

Iさんは、2年前からパートタイムの仕事を始めた。週3回、朝9時から夕方5時まで。自宅から自転車で3分のところにある、生活介護事業所である。生活介護事業所とは、養護学校を卒業し、就職や自活が難しい人たちが利用する場所。いわく「お年寄りのデイサービスをイメージすると近い」らしい。

働きに出たい気持ちを少しずつふくらませながら、11年のブランクを経ての再就職。その背中を押したのは、コロナ禍だった。

「息子の送り迎えや食事の準備など、いろいろ手がかかるでしょう。『小1の壁』と言いますが、うちは『障がい者の壁』でした。毎日の送迎に加えて、なにかあればすぐにお迎え。小学校は授業参観や時短授業もあるし、とにかく学校へ行く機会が多いです。どうやったら働けるかと考えていたところに、コロナ禍がやってきました」

夫が在宅勤務になり、送迎や急な呼び出しも夫婦で分担できるようになった。これなら、働きに出られるかもしれない。息子が3年生になる春のことだった。

「すぐに働くのは不安もあり、学校へ通うことにしました。4ヶ月間学校へ通って取得したのが、初任者研修の資格です。昔でいう『ヘルパー』ですね。ほんとうは看護師の資格も考えましたが、学校が遠いうえに実習も多い。それにヘルパーなら、空いた時間に訪問介護もできます」

仕事は想像以上の体力勝負。しかし同時に、やりがいや楽しさにも満ちている。

「一緒に畑作業をしたり、工作に取り組んだり。地域の人たちに挨拶を交わしながら散歩にもでかけます。1時間、2時間歩くというとびっくりされますが、障がいがある人は体幹が弱いことが多く、太りやすいので運動が欠かせないそうです。息子の主治医の先生か

らも、良い脳波が出るし、精神安定にもいいからたくさん歩いてくださいと言われていま
す。だからうちも、週末の米粉パンなんです」

働くという目的だけで考えれば、選択肢はほかにもあっただろう。いまは在宅で完結する仕事もずいぶん増えた。しかし、働くなら介護や福祉に携わると決めていた。子どもを産み育てることで、新しく知る世界があったからだ。

「自閉症は、周りからの評価や人の目を気にしない人が多いんですよ。障がいの程度にもよりますが、自分ごとで済ませられることが、子育てをする中で大きな学びに思えました」

彼らをもっと知りたい、もっと関わりたい。自分はわが子の歩いてきた10年しか知らないけれど、この先はどんなふうに生きていくのだろう。これから、社会とどう関わっていくのだろう。調べるうちにたどり着いた答えが、生活介護だったというわけだ。

「仕事を始めてから、いい意味で、息子との距離を持てるようになりました。自然と息子以外のことを考える時間が生まれ、力が抜けてきたのかもしれません。いままでは、ずっとわたしが見ていなくちゃ、人に迷惑をかけないよう、ご近所さんにどう思われているのか、そんなことで頭がいっぱいだったんです。そうやって、子どものことだけを考えてい

ると、一方的に期待しちゃうんですよね。これだけ手をかけてやっているんだからこうなってほしい、もっとしっかりしてほしいって。ご飯だって、嫌がるのに粘り強くずっと試し続けてきましたが、それもやめました。でも最近は、自然と食に興味が出てきて、自分から『これ食べてみたい』って教えてくれることも少しずつ出てきたんです」

ガリガリ君のレシートをもう一度手に取りながら、彼女が言葉を続ける。

「だからこれからは、考える時間を自分自身や仕事にむけてみようかと思います。まずは、介護福祉士の資格が目標です。それに、お給料をもらえるようになったでしょう。そのお金で少しずつ、好きな画家の絵を集めていくのも楽しみにしているんです」

この世界には、知っているつもりで知らないことがたくさんある。わたしが感じている空の色が、あの人と同じだとも限らない。

「違いを理解するって難しいですよね。正直なところ、それはできないとも思います。でも、知るだけでもいいんじゃないかな。こちらは『こんな話をしたら相手に負担かな』、あちらは『聞いたら失礼かな』とお互いに遠慮している。だから、わからないことがあればどんどん聞いてもらえたらうれしいです。もちろん、聞かれて嫌な人もなかにはいるかもしれない。でも、話したい人、知ってもらいたい人のほうが、ずっと多いと思います」

そう言って、チョコレートケーキをもう一切れ、お皿に乗せてくれた。これも米粉でつくったものだ。もっちりとした食べ応えで、濃厚なのにくどくない。自然な甘さの余韻だけが、心地よく残っていた。

Ｉさん

介護職員。生活介護事業所勤務。夫と小学生の息子、愛猫と関東に暮らす。

楽しいところは、なんだかいいにおい

近所のスーパーで、バナナひと房98円、カップ入りのヨーグルト168円。ドラッグストアでちょっといい入浴剤2178円。なんでもないレシートのように見えるのに、「スポーツの考え方をしちゃうんです」と言われ、ぐいっと前のめりになった。

「スポーツと同じように、仕事でいいパフォーマンスをするためには、どうしたらいいんだろうと考えるんです。そのために、食事はこうしたほうがいいとか、疲れを取るためにはなにが大事か、とか。最近パンを食べると午前中の調子が出なくて。だったら小麦を摂るのを減らしてみようと、朝ごはんはバナナとヨーグルト。あとは、どんなに遅く帰っても必ず湯船に浸かるようにしているので、入浴剤なんです」

こう聞くと、ずいぶんストイックな印象を持つかもしれない。けれど実際に会った彼女は、屈託なく笑う明るい人だ。

中学、高校とバスケットボールに明け暮れ、いまは東京・谷中の複合施設「HAGISO（はぎそう）」で、いくつもの飲食店を束ねるマネージャーとして働く、北川瑠奈さん。周囲はみな、彼女のことをぽんちゃんと呼ぶ。

「お風呂は大事です、好きですねぇお風呂」。そう繰り返すので、それなら銭湯や温泉も好きでしょうと問いかけると、わははと笑って意外な答えが返ってきた。

「それがね、入れないんですよ、温泉」

小さいころ、プールに行くといつも泣いていた。泳ぐのは好きなのに、プールサイドに座るのをどうしても嫌がった、というのは大きくなってから母親に聞いた話だ。

「潔癖症なんです。バスケも、人の汗がちょっとね。なるべくぶつかりたくないから、素早く抜こうとがんばったおかげで上達したのかも（笑）。修学旅行や部活の合宿も、みんなとお風呂に入れないんです。じゃあどうするのかというと、一番に入らせてもらう。それなら大丈夫だったんです。『どうしても無理だからお願い！』って、みんなに呼びかけて回っていました」

いまも人とのお風呂は苦手なままだし、台湾旅行では屋台メシも食べずに帰ってきた。

でも本人はあっけらかんと「克服できないんですよねえ」と笑う。

人の握ったおにぎりも食べられない。だから彼女は、会社のみんなが集まる機会には、みずからまかない係を買って出る。テーマはいつも、みんなが楽しめるご飯。ケバブに流しそうめん、たこ焼きに、笑っちゃうくらい山盛りのチャーハン。そうやって、喜ぶ顔を想像しながらあれこれ考えるのが大好きなのだ。

飲食の道を選んだのも、人を喜ばせることを仕事にしたいと思ったからだ。

学生時代の夢は、お笑い芸人。けれど、テレビの向こう側の見えない人より、目の前の人を喜ばせたいと考えるようになり、それならバスケを活かして日本一おもしろい体育教師になってみせる！と大学に進学。

ところが、たまたま始めた居酒屋のアルバイトで、飲食業界のおもしろさに開眼してしまった。

「食べる行為って、大切な人と会ったり、わいわい楽しく集まったり、そういう『場』とつながっています。それなら、食になにかをプラスして人を楽しませる場をつくりたい、それを仕事にしたいと考えるようになりました。きっとこれが天職だ！って思っちゃったんです」

思い返せば実家では、日曜日の夕飯は、家族揃って外食か、家で食べるなら鉄板焼きや手巻き寿司、鍋のようなみんなで囲むメニューと決まっていた。

「思春期のときは、すごく嫌でしたね。パッと食べて自分の部屋に行きたいのに、みんなが揃うまで待たなきゃいけなかったり、誰かによそってもらったり。でも大人になって振り返ると、食事の時間は唯一、無言でもコミュニケーションを取れるありがたいものだったんです」

結局、親に頭を下げて大学を中退。地元にある創作和食の厨房で見習いとして働きながら、現場で料理を覚えた。25歳までに自分の店を持とう。そのために、もっと食を学びたい、もっと広く、もっと深く。

そんなときに出会ったのが、いまの会社である。谷中の古い木造アパートを再建させ、設計事務所と美容室、カフェを掛け合わせた複合施設。それを知るやいなや、すぐさまオーナー夫妻に向けて手紙を書いた。

「大学を中退したのも、転職したのも、全部直感です。カフェと設計事務所や美容室が一

SEIMS
毎度ありがとうございます！
皆様の健康がセイムスの願い
営業時間：０８：３０～２２：４５
店No:09394 レジNo:0002
2022年05月04日(水)
領収証
4580294851206
クーポン単品割引15%
小計 1点
(内税対象額 10%
(内税消費税等 10%
合計
(内.消費税等
現金
お釣
サミット
＜領　収　証＞
2022年05月08日(日)22:20 レジ0602
スNo00653927くろたき
スキャンレジ0301 スキャンNo6794
1100軽* バナナ ¥98
1580軽* オイコスストロベ ¥168
1580軽* オイコスブルベリ ¥168
1580軽* さけるチーズ ¥178
1580軽* ナチュレ恵 ¥158
値引 50% -79
小計 ¥691
(外8% 対象額 ¥691)
外8% ¥55
(税合計 ¥55)
合計 ¥746
お預り ¥1,051
お釣り ¥305
お買上点数 5点
ポイント情報

緒になるなんて、なにそれ、おもしろそう！って。昔は、悩んで考えて、学んで判断するのが正しいと思っていましたが、それでうまくいかない経験もしました。それよりも、『なんかいいかも』、その直感を信じてみたいまの道が、間違っていなかったと思えます。そんなに先のことは難しく考えずに、おもしろそう、という素直な感覚だけは大事にしたいんです」

コロナ禍で、飲食業界は大打撃を受けた。ぽんちゃんの職場も、例外ではない。

「あまり先を考えすぎても、一瞬で世の中がひっくり返ってしまうんだと改めてわかった機会でもありました。だったら、明日のもう一歩先、つまりあさってとか、友達の友達とか、そのくらいの未来や距離感の範囲を、まずは大切にしていけばいいんじゃないかと考えるようになったんです。それに気づいてから、すごく楽になりました。あさってくらい、隣の隣の人くらいまでを考えて一生懸命生きていたら楽しいし、きっと大丈夫」

苦手なことを無理に克服するよりも、それも自分だと受け入れる。明日、あさって、隣りの隣り。自分の手の届く範囲を大切にしながら、楽しそうなほうへ、いいにおいのするほうへ。直感を頼りに生きる彼女を動物のようだというと、ちょっと語弊があるだろうか。

道に迷ったら、見えるものや聞こえる音、においや味、手触りといった五感を研ぎ澄ます。そしてときには第六感を信じてみるのも悪くない。

おいしいにおいがする場所には、楽しいことが待っている。

つい、先を想像しては心配ばかりして、頭でっかちになりがちなわたしには、ぽんちゃんの生き方がうらやましくてたまらないのだ。

北川瑠奈（きたがわ・るな）
東京・谷中の古民家を再生した複合施設「ＨＡＧＩＳＯ」飲食部門マネージャー。食を通じて、人と暮らしと街をより良くするお手伝いをしている。通称ぽんちゃん。

世界の畑につながる、都会の小さなビオトープ

古い一軒家の庭には、１００種を超える草花や木々。小さな虫やカエルが暮らし、野鳥やチョウが行き交い羽を休める。都会の一角で小さなビオトープを育む、音楽家・良原リエさんのレシートを拝見した。

昨年5月、青い自転車を買った。電動アシストはついていない。周辺はそれなりに高低差のある土地だけれど、横浜出身の良原さんにしてみれば「坂の赤ちゃん」だという。自転車のおかげで、ぐんと行動範囲が広がり、自由に新しい景色と出合う楽しさを知った。隣町まで足を延ばすと、懐かしい商店街がある。いまは気に入りの店をひとつずつ増やしているところだ。とりわけよく行くのは、いつでも新鮮な精肉店、そして八百屋。

「最近は八百屋も、プラスチックのトレイや袋に入っているところがほとんどでしょう。でも、ここはザルに入っているから野菜だけ持って帰れるんです」

ちなみにお会計は、吊りさげたカゴからお釣りを取り出す、昔ながらの方式。つまり、

レジがないからレシートもないらしい。

では代わりにと出てきたレシートは、多くが園芸用品やペットショップのものだった。みつばにセロリにパセリの苗、カブトムシの土やエサ。ひとつひとつは少額でも、それなりの量だなと、白い紙の重なりを見ながら思う。

「わたしは植物、息子は生き物に夢中です。庭に来るチョウやその幼虫、カエル、夏にはカブトムシやザリガニ。飼いたいもの、調べたいものが多いから、土やらケースやらエサやら。自分の興味あるものにはもちろん、子どもの興味にもなるべくお金を惜しみたくないんです。本も同じで、新刊も古本も、気になるものはできるだけ買うようにしています。わたしはコスメをほぼ買わないし、洗剤は食器と洗濯の2種類だけ。ついいろいろ欲しくなるから、ドラッグストアにも行かないようにしています。だから、そこでお金のバランスを取っているのかもしれないですね」

良原さんは、本業の音楽はもちろん、植物のほかにも料理、服や雑貨のリメイクにDIYと、得意ジャンルがいくつもあり、著書も多い。そのどれもが、暮らしと仕事、趣味との垣根を超え、ゆるやかにつながっている。

「わたしに似たのか、息子も興味のあるものにはとことんタイプ。だから一緒に庭に出たり、虫について調べたりしながら、本人には気づかれないように勉強を紛れ込ませたりもしてるんですよ。理科だけじゃなく、庭から摘んだ野菜でサラダをつくったり、付け合わせのウィンナーを切り分けるときは分数ですね。生き物に愛情をかけることで、命についても学んでいます。好きなものを通じて、自分の世界をどんどん掘り下げていってほしいと思っているんです。それで18歳になったら、子育ては終了予定。いまは9歳だから、ちょうど折り返しです。そのころには行きたい進路がある程度見えているだろうから、自分から家を飛び出すくらいの子に育てたいですね。あとは好きにやってもらって、しっかり子育てしたぞ!っていう充実感とともに、わたしは行方をくらますつもりです」

行方をくらます? どこか田舎にあこがれの移住先があるのだろうと聞いていたら、視線の先は、ずっと遠いところにあった。

「世界中の農園で、住み込みで働く『WWOOF(ウーフ)』に参加したいんです」

ウーフとは、世界各国で有機農家のホストと、ウーファーと呼ばれる登録者、両者をつなぐしくみである。ホストは寝どこや食事、農業の知識や経験を、そしてウーファーは労働を提供する。ひとつ屋根の下で家族のように暮らし、そこに金銭のやり取りが発生しないのも特徴だ。

「知り合いの紹介で、オーストラリアの女の子2人を家に泊めたことがあります。彼女らはウーファーとして農業を手伝い、合間でライブをしながら世界中をまわっていました。それを聞いて、自分もいつか行くぞ！って」

ところがその「いつか」よりも先にやってきたのは、息子の妊娠だった。42歳、待ち望んでやってきた命である。まずは子育てを全力で楽しもうと切り替え、いまの暮らしがある。子育ては、生活と植物や食をこれまで以上に近づけ、世界をまわるという夢は、さらに色濃くなった。

「植物と人との関わりを、もっと知りたいんです。食べられる植物と、それを食べてきた人たち。家の近くで畑も借り始めたのですが、夏はナスがすごい勢いで、食べても食べても減らなくて。まわりにもたくさん配って、それでも追いつかず一時は途方に暮れていました。きっと、そういう地域が世界中にあるわけですよね」

苦心と工夫の末に生まれた、土地に根ざす家庭料理が知りたい。情報としてではなく、一緒に手を動かし、土の匂いをかぎ、味わいたい。それがいまの良原さんの夢なのだ。

「だから終の住処もいらないです。家があると、子どもが戻ってきちゃうから。子どもに

1000形
3000形
EXE
MSE
マルチプルタイタンパー
シロフクロウ
(メス)
シロフクロウ
(オス)
マサイキリン

BOOK・OFF
2021/08/28(土)16:53
ちいさいおうち
小田急 小田急電鉄のすべて
木をかこう
東急電鉄1989-2019
でんでんむしのかなしみ
合計点数
(株)東京ヒロセペット
2021年10月 7日(木)
¥2,420
¥2,580
サカタのタネ
ガーデンセンター 横浜
2021年09月02日(木)
レジ袋5円
みつば種※
※セロリ苗
※パセリ苗
¥799

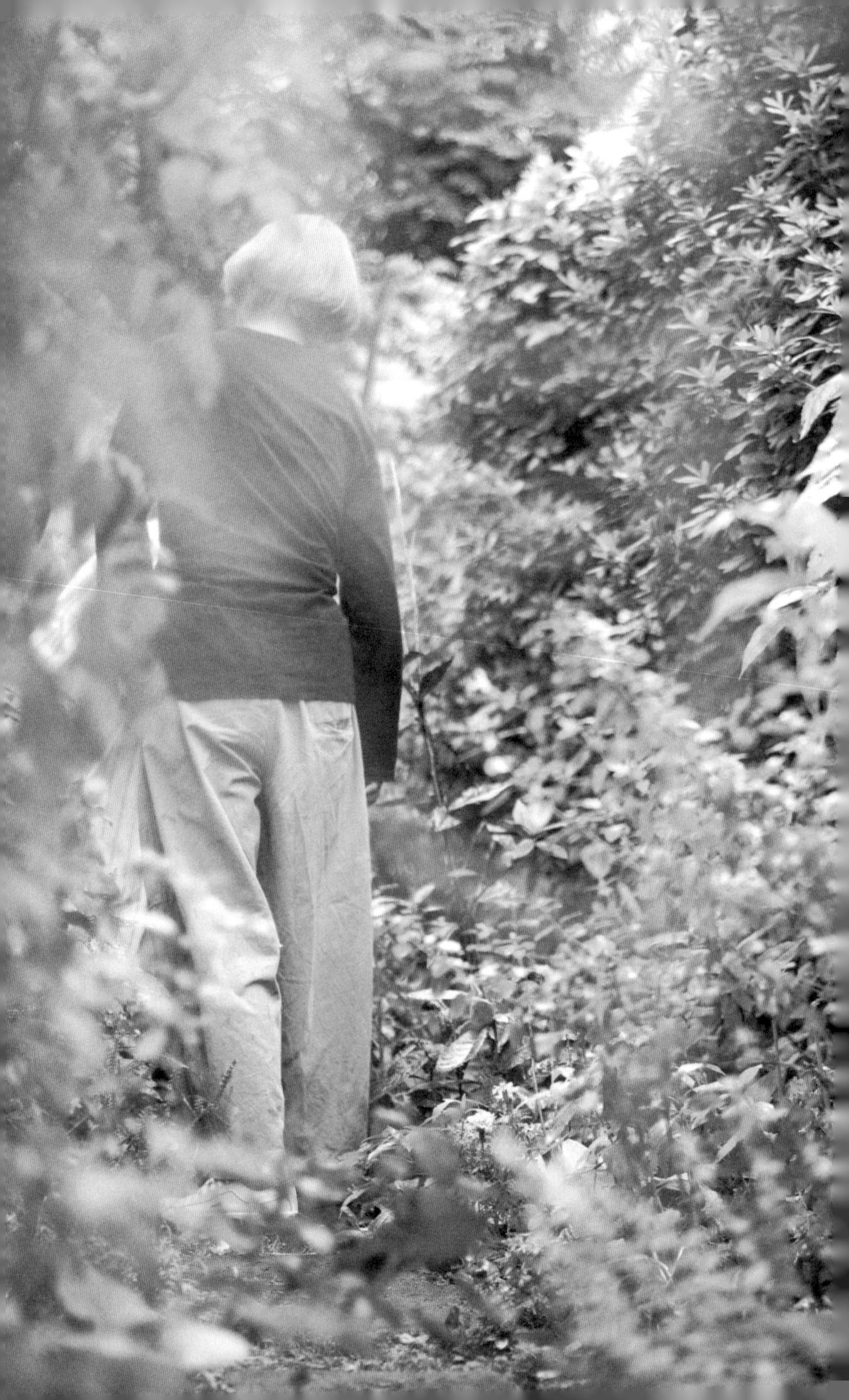

はメールアドレスだけ伝えておこうかな。なにかあったら相談にはのるけれど、どこにいるかは分からないし、お金の援助もしない。そのくらいのほうが、好きなことを仕事にする覚悟が決まり、自分の世界を切り拓いていけると思うんです」

母のわがままではない。好きなことを仕事にする喜びや楽しさ、そして苦しさや難しさを、良原さんは誰よりも感じてきたはずだ。若き下積み時代も、見えないウイルスに翻弄され、ライブやイベントが軒並み中止になった時期も。

だからこそ、「好き」の重みも、強い覚悟の大切さも知っているのではないか。

そんな彼女の未来予想図を、家族はどうみているのだろう。

「夫ですか？　どうでしょう。どうしても行きたいって言ったら一緒に来てもらおうかなぁ」。そう言いながらも、「でもこれは、あくまでもわたしの夢。これからゆっくり家族で話し合って、決めていけたらいいなと思っています」と付け加えた。

おいとましたあと、近くの交差点でスタッフらと話をしていたら、道の向こう側を良原さん夫妻が通りかかるのが見えた。ランチにでも行くのだろうか。

良原さんのワイドパンツと夫のTシャツ、どちらも申し合わせたように鮮やかなグリーンだったので、「お揃いですね！」と声をかけたら、顔を見合わせ、びっくりしたように笑っていた。

期せずしてペアルックで歩くふたりを見送りながら、彼女が異国の畑にいる姿を思い浮かべた。勝手な想像だけれど、夫婦一緒にいる気がして、なんだかいいものを見せてもらったような、ほかほかした気持ちになった。

良原リエ（よしはら・りえ）
音楽家。アコーディオンやトイピアノなどのトイ楽器奏者として、映画やテレビ、他アーティストの楽曲の演奏、制作に関わる。

桜の季節を超えて、次のわたしへ

高台に建つ家は見晴らしがよく、そこかしこに淡いピンク色のふんわりとしたかたまりが見える。桜がまさに満開を迎えようとする春の日、金継ぎ士・時岡えいさんの自宅を訪ねた。

リビングに上がる階段の途中に、素朴な木工の雛人形が飾ってあった。手のひらにちょんと乗るくらいの小さな立ち雛で、そのかたわらには桜の枝。ご近所さんが庭から手折ってくれたらしい。

「雛人形、うちは旧暦で飾るんです。今年のカレンダーでは4月3日、関西ではそういう家庭が多いと聞きます。母が京都、父は和歌山出身なので、桜餅も道明寺派なんですよ」

レシートは、桜餅に地方銘菓の団子と、和菓子がいくつか続く。「花より団子です」と言いながらも、出かけた先々で小さな花見をしながら食べたのだと教えてくれた。

「こっちは『とらや』さんのお雛菓子の詰め合わせ。お重のような箱に入ったもので、ちょっと奮発して毎年予約しています。この日は菜の花のお漬物と、桃の花も買っていますね。母と一緒に上巳の節句を祝いました」

上巳の節句、つまりは3月3日のレシートである。ちらし寿司と雛人形が華を添える、桃色の食卓を思ってやわらかい気持ちになる。

「母は歳時や季節行事を大切にする人で、お正月の手づくりおせちや七草粥から始まって、節分の豆まきや太巻き、七夕の笹飾り、お月見団子、重陽の節句には菊酒や栗ごはん……、小さいころから季節行事に親しむことを教えてくれました。去年は椿餅をつくるのに道明寺粉がないからと、もち米を蒸して乾かして砕いて、粉から挑戦していたくらい。ちょっと凝り性なんです」

成人式には時岡さんを含め三姉妹がみなそれぞれに、反物から好きなものを選んで振袖をあつらえたと聞いて驚いた。

「いま思うと、とても贅沢でありがたい経験です。母は丹後、ちりめんの里の出身ですし、それだけ思い入れのある行事だったのでしょうね」

特別な趣味としてではなく、暮らしのなかに日本文化を愛する気持ちが自然と根づいていたのだろう。それは、彼女にも脈々と受け継がれている。雛人形の話のなかで、なにげなく彼女が言った「晴れた日にしまいます」という言葉に、そんなことを思った。

献立に合わせてうつわを選び、箸置きも必ず。最近は、父のふるさと和歌山で見つけた那智黒石を箸置きにするのがお気に入りらしい。

金継ぎの世界に足を踏み入れたのは12年前。はじまりは、軽い気持ちで申し込んだ教室だった。

「うつわ好きの母の影響で、わたしも自然と興味をもつようになりました。金継ぎしたものも子どものころから見ていてなじみがあったんです。あるとき教室があると知り、自分の手でお気に入りを直してみたいと通いだしたのがきっかけです」

はじめてみると、それは想像以上に時間のかかる、じっくりとうつわに向き合う作業だった。

金継ぎは修繕技法のひとつで、うつわの割れや欠けを漆で繕う。天然の漆は数日かけてゆっくりと固まるため、ボンドのように一度でくっつけて、はいおしまいとはいかない。数週間、数ヶ月を通じて進めていく。地道で手間のかかる、そして根気のいる作業だ。

やがて割れたうつわは息を吹き返した。元通りのまっさらな状態ではなく、割れたからこそ出会えた新しい姿にかたちを変えて。

「ちょうどそのころ離婚と病気が重なり、大きな転機に落ち込んでいたんです。自分が人に比べて不完全に思えて、自信もどんどんなくなっていって。そんな自分を認められず、また落ち込んで、消化しきれない思いをずっと抱えていました」

金継ぎにより、傷を負ったうつわが美しく生まれ変わる。割れてしまった悲しみは、手をかけ、時間をかけて少しずつ消化され、かたちを変えることで昇華される。その様子は、次第に自分の傷とも重なっていった。

「傷を隠すのではなく、向き合いながら不完全さを受け入れて、あたらしい美しさを生み出していくことが、自分のつらい時期を精神的に落ち着けてくれました。できあがりの達成感もすばらしいですが、直していく過程や作業そのものが、わたしにとっては傷を癒すプロセスだったのかもかもしれません」

気づけば教室だけでは飽き足らず、独学で学び続けるうちに、すっかり金継ぎの魅力にはまっていった。やがて修理を引き受けたり、教えてほしいという声に応えるかたちで自宅での教室をスタートさせ、いまに至る。

金継ぎは、世界でも独創的な修復法だといわれる。修復、お直しというと、ふつうは傷を隠して元の姿に近づけるところを、金継ぎはあえて目立たせることで新しい価値を見出

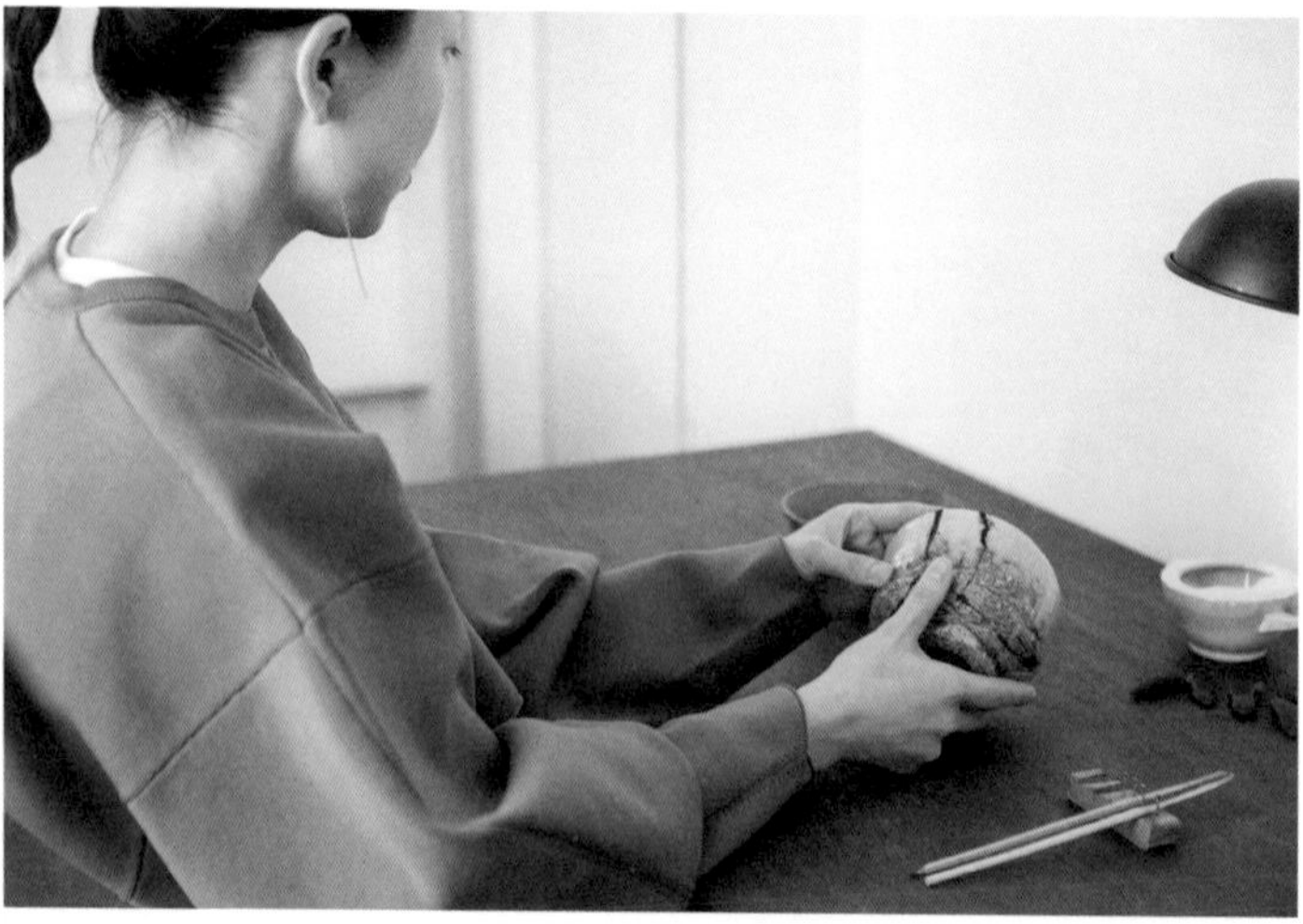

Aoyama Flower Market
TOKYO
Takashimaya
領収証
とらや

すのだ。
「人も同じだと思います。誰にでも傷や失敗があって、できれば人には見せたくないし、隠したい。でも、それをクリアしたら、深みを増していけると信じています。外見だって、若いころのシミひとつないツヤツヤのお肌を取り戻そうとするより、それを受け入れて年齢にあった自分らしさを目指すほうが、すこやかな気持ちでいられますよね」

傷つきたくない、失敗したくない。わたしも、ずっとそう思ってきた。失敗したら、もうそこでおしまいのような気がしていた。

でも、そんなはずはない。割れたかけらを拾い集めるときの、やりきれない悲しみが大きいほど、修復したあとの喜びも大きいはずだ。

室（ムロ）と呼ばれる棚を見せてもらった。漆の乾燥に最適な温度や湿度を調整するための収納庫で、母の婚礼箪笥をつくり替えたものらしい。なかには依頼を受けたうつわが、再生する日を待ちながら肩寄せ合っていた。

一度は家を出た彼女が、再び実家へ戻り、母と一緒に桜を眺めている。この家で金継ぎ教室を開くいまの自分など、かつては想像もしなかっただろう。あのとき思い悩んだ経験は、ゆっくりと時間をかけて繕うことで、思いがけないかたちとなった。

まっさらな自分になる必要など、ないのかもしれない。魔法のように元通りでなくたっていい。

そのままの自分を受け入れた先に、あたらしい季節が待っている。

時岡えい（ときおか・えい）
金継ぎ士。「ｋｉｔｏ」主宰。伝統的な修復法を用いたお直しや教室開催を通じて「大切なうつわを日常に戻すよろこび」を伝えている。

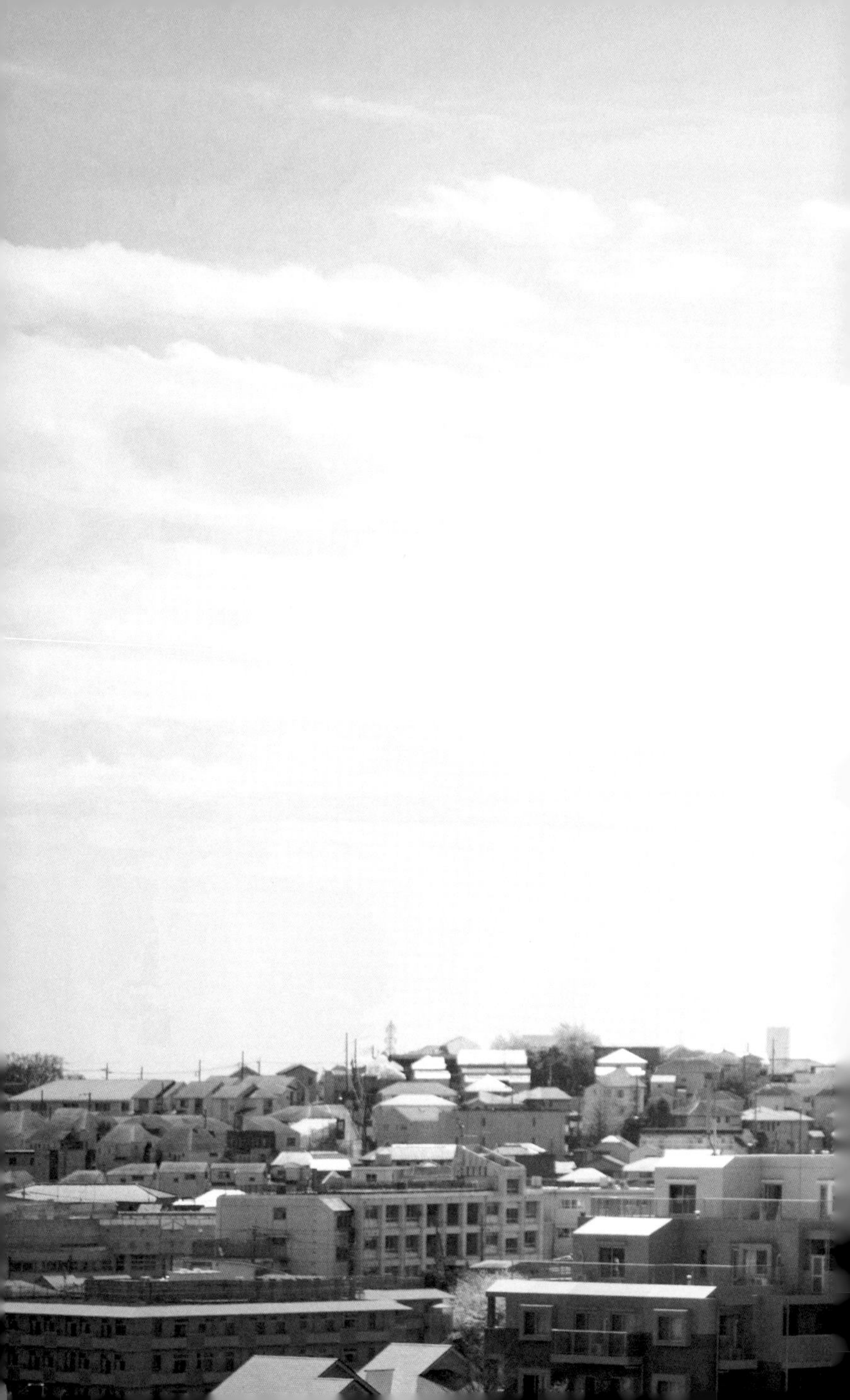

わたしのレシートから

05

10年後のわたしへ

買ったもの
エトランジェ A5レターパッド　420円
PCM竹尾 洋2封筒×4　132円
（東急ハンズにて）

東急ハンズの文具売り場で散々に迷いながら、白い便箋と、鮮やかなコバルトグリーンの封筒を選んだ。真っ白な便せんは、少し特別な気持ちになれるし、コバルトグリーンの封筒なんて普段なかなか受け取る機会はない。ポストに入っていたら、きっと真っ先に気づくだろう。

ひさしぶりにレターセットを買ったのは、地元の広報誌にこんな言葉を見つけたからだ。

「10年後の自分に、手紙を書いてみませんか」

手紙は役所で保管され、10年後、封筒の宛先へと配達されるらしい。せっかくならば、家族みんなで書いてみてはどうだろう。

10年後、わたしは53歳。いまだって立派な大人だけれど、53歳という響きには、なかなかの貫禄がある。夫は54歳、子どもたちは20歳と15歳だ。そのころの自分と家族の顔を想像する。子どもたちは別人なくらいに成長しているだろうから、幼い日の手紙など懐かしくてたまらないだろう。夫は手紙を書く習慣なんてないし、日記をしたためることもない。いい機会だ。

わたしは手紙、日記、アルバムといった過去を掘り起こすものが好きで、長くしまいこんでいたものを、ときどき取り出しては時間をそっと巻き戻す。かつての気持ちをもう一度、噛み含めるように味わい直す。いまと同じだと納得し、違っていると、また納得する。時間が伸びたり縮んだりするようで、それが楽しい。

夕飯もお風呂も済ませ、それぞれがのんびり過ごす日曜日の夜。家族がダイニングテーブルに集まった。

真っ白の便せんに、ブルーブラックのインクが入った万年筆。手紙を書く準備は整えたものの、さて、なにを書けばいいのだろう。

53歳のわたしは、どんな暮らしを送り、なにを考えているのだろうか。い

くら考えても、さっぱり想像がつかない。10年先は、遠い。
では10年前はどうしていたか。霧がかりぼんやりとした未来の話と違い、それはくっきりと鮮明だ。

10年前、はじめてお腹のなかに小さな命を抱えたわたしは、喜びよりも、揺れたり迷ったり、言葉にできない気持ちで毎日を過ごしていた。妊娠は喜ばしい。けれど、お腹の膨らみと呼応するように、見えない不安も大きくなっていく。妊娠を悟られては、仕事を減らされるかもしれない。妊娠や出産を理由に、使えないやつだと思われるなんてまっぴらだ。わたしはギリギリまで周囲に妊娠を知られぬよう、がむしゃらに仕事をこなしていた。

しかし生まれてみればどうだろう。未知なる不安は一瞬で吹き飛ぶほど、子どもはただひたすらに愛おしかった。すべすべでもっちり、しっとりとした、あまいにおいの小さな人は、これまでに出会ったかわいいもの、おいしいもの、美しいもの、すべての形容詞を足しても足りないほどだ。恐れていたことは、どれも杞憂だった。

未来は仰ぎ見ると果てしなく遠いのに、振り返るとあっという間だ。もちろん、そこには濃密な時間が横たわり、試行錯誤と紆余曲折の積み重ねだったことも、わたしはちゃんと知っている。

それでも前に進んでいる。子育て、仕事、家事、夫婦げんか。どうにもならないと思ったことも、どうにかなったからこそ、いまがある。10年前と比べて、共に生きる人や愛するものが増え、信じる世界が広がった。いまわたしがいるのは、あのころ想像もしなかった未来だ。

それならばと、真っ白な便箋に向き合い、ペンを取った。


家族はみんな、元気に、健康に暮らしていますか。

子どもたちは、それぞれのやりたいことをやれていますか。

夫婦仲良く過ごせていますか。

文章を書く仕事を続けていますか。

夢は叶えましたか。

戦争は終わっていますか。

世界は平和ですか。


10年先を生きるわたしに聞いてみたいことを思い浮かべながら、手紙をしたためる。

書きながら、いつの間にか心が未来ではなく「いま」にあることに気がついた。未来に向けて書いたことはどれも、いま現在のわたしの願いばかりだ。健康でありたいし、夫婦仲良く過ごしていたい。仕事もまだまだ続けていきたい。誰にも打ち明けられないけれど、叶えたい夢だってある。

未来への手紙なんて、ちょっとしたノスタルジーを味わうエンタメ、くらいに思っていたけれど、とんでもなかった。

手紙を書くことは、いま守りたいものを見つめ直す作業だった。


夫や子どもたちがなにを書いたかは知らない。あれやこれやと口を挟みたい気持ちをこらえ、ありのままを封筒に閉じ込めてもらった。

書き終えた後、夫の提案で写真を撮った。散らかったいつものリビングで風呂上がりのパジャマ姿のまま、４人でスマホの前に顔を寄せ合う。コピー用紙にプリントし、これは夫の封筒に入れることにした。

おわりに

レシートをのぞいてみたら、その人らしい一面が見えるかもしれない。そんなふうに思ってはじめた取材は、重ねるごとに思いがけないほうへと転がることとなりました。

はじまりが、コロナ禍だったことも大きな理由です。

この本に収録した内容は、２０２０年５月末から２０２３年１月までのあいだに取材したものです。

２０２０年５月といえば、緊急事態宣言による自粛要請がようやく解け、やっと登校や通勤がはじまろうというときでした。まだまだ緊張は続き、だれもが見えない脅威相手に手探りでいた時期です。マスクの下に本音を隠し、人目を忍んで深呼吸をする。買い物も友人との外食も、気軽に行くのはためらわれ、じっと考え決断する。そんな時間がたしかにありました。

レシートに記された、たまごや豚肉、缶ビール、石けん。それらを見つめながら、なんでもない買い物の背景に、時代のうねり、社会の混乱が横たわっていたことをひしひしと感じました。非日常のなかで知る、日常のありがたさ。変わりゆく社会のなかで、変わらず揺るがないもの。

テレビやネットニュースに流れてくる大きなニュースに比べ、日々の買い物など、些細な出来事かもしれません。けれど、暮らしとはそんな「なんでもないようなこと」がほとんどです。

ところが、だんだんと気づくことになりました。その「なんでもない」ように見えた買い物は、その人の意思決定そのものであり、「なにを選ぶか」は、「どう生きるか」のはじまりでもあったのです。

それを裏づけるように、もやしやキャベツの話から、いつの間にか大切にしてきたことや、心の奥に隠れていた思い出へとつながっていくことがたびたび起こりました。レシートからたどり着いたからこそ見えた、その人らしさがありました。

「その人らしさ」と言いましたが、わたしが見せてもらうレシートは、その人のほんの一部、わずかな断片にしかすぎません。しかし、取材後なにげなくすすめてくださったお茶菓子ひとつや、こちらがレコーダーを止めて「それでは」と失礼するタイミングになってから、そういえばね、と話し出す言葉には、やっぱりレシートのなかに感じたものと、同じ空気が流れているのです。それは、レシートからこぼれた「その人らしさ」のようにも見えました。

そこにあるけれど、書き残さなければ忘れ去られてしまう断片。時代の流れとは別のところにあるようで、きちんとつながっているあたりまえの日常。なんにもない日などないはずなのに、ぐんぐんと後ろに流れていくうちに、なかったことになってしまうものたち。肩書きから離れた、ひとりの生活者としての姿。

それを残したいと思いました。残さなければと思いました。

子どものころの夏休みは、日記の宿題に書くことのないような日がほとんどでした。特別なことなど起こらない、ふつうの一日。でも、あの「ふつう」にこそ、忘れたくないことが詰まっていたのではと、いまは思います。

この取材は、ECサイト「北欧、暮らしの道具店」での連載「レシート、拝見」がもとになっています。実はもともとは、まったく別の企画ではじめる予定でした。しかし、初回の取材先も日程も決まった矢先、コロナがすべてを押し流していきました。そうして自粛も明けようとするころ、仕切り直してスタートさせるべく、いくつかの案のなかに紛れ込ませたのが、この「レシートを見せてもらう」という企画です。

編集者と画面越しで打ち合わせをしながら、ためしに彼女のレシートを見せてもらいました。

「そういえばスーパー行くたびにレモン買ってるんですよね」

「レモン？　そんなに使います？」

「お酒にも料理にも。レモンをぎゅっ！とする瞬間って、ＱＯＬが上がる気がするんです」

ＱＯＬ、つまりクオリティ・オブ・ライフ。レシートに記された生活感と、そこに人生の幸福を見出すギャップは、「わたしにとってのレモンとは」と、想像をめぐらせるにはじゅうぶんすぎるエピソードでした。

この本をつくるにあたり、たくさんの方にお世話になりました。レシートへの可能性を、ともにおもしろがってくださった「北欧、暮らしの道具店」の編集者であり、レモン好きの津田麻利江さん、担当を引き継ぎ、新しい方向性を指し示してくださった寿山華さん。変わった取材スタイルにもかかわらず、一緒に話を聞きながらその人らしさを切り取ってくださった、フォトグラファーの長田朋子さん、吉森慎之介さん。さらに、一冊にまとめましょうと手を挙げ、粘り強く並走してくださった編集者の秋山絵美さん。ウェブから紙へと味わいを変換するため趣向を凝らしてくださったデザイナーの岩渕恵子さん。なにより、レシートというプライベートな領域への立ち入りをご快諾くださった取材先のみなさまには、ほんとうに感謝の思いでいっぱいです。ありがとうございました。

ここに、一枚のレシートがあります。近所のパン屋のあんドーナツひとつ、146円。粉糖をまぶした揚げパンのなかに、こしあんがたっぷり入った娘の大好物です。

昨日、娘を叱りました。叱ったというより、怒鳴り散らしたというほうが正しい気がします。いま思い返すと、たいした理由ではなく、小さなあれこれが降り積もってのことでした。ままならない気持ちや、あとから振り返ればなんでもないと感じることも、重なれば、ある日突然コップからあふれてしまいます。そのたびにこぼれた水を拭き、反省し、前より少し大きなコップに変えていく。そうやって、毎日は進んでいくのかもしれません。

だからといって、感情まかせに声を荒げた自分を肯定できるはずもなく、ふと立ち寄ったパン屋で目に止まったのが、あんドーナツでした。選びながら、わたしは娘を思い浮かべ、そして昨日の自分を悔いていたのです。

母親としての不甲斐なさと、おいしそうに食べる娘の顔。このレシートは小さな詫び状か、それとも「もっといい母親になりたい」と願うわたしの宣言書でしょうか。

レシートは、小さな生活史です。いまを生きる記録が残っています。

あなたの財布には、どんなレシートが入っていますか。

さてそろそろ、娘が帰ってくるころです。

2023年　パン屋のレシートとともに

藤沢あかり

staff

写真　長田朋子
（表紙 , P36~41, 53~56, 61, 77~81, 88~89, 93~97, 101, 104, 147, 150, 179, 183, 186~187, 190~191, 195, 211, 214, 222~223, 230~231, 238~239, 242~243, 246）

吉森慎之介
（P12~31, 44~49, 68~73, 112~113, 120, 124~125, 131, 134, 139, 142~143, 155, 158, 163, 166~167, 171, 174, 203, 206~207）

ブックデザイン　岩渕恵子（iwabuchidesign）

DTP　酒徳葉子（株式会社技術評論社）

編集　秋山絵美（株式会社技術評論社）

レシート探訪《たんぼう》　1枚《まい》にみる小《ち》さな生活史《せいかつし》

2023年7月6日　初版　第1刷発行

著者　藤沢《ふじさわ》あかり

発行人　片岡巌

発行所　株式会社技術評論社
東京都新宿区市谷左内町 21-13
電話　03-3513-6150　販売促進部
03-3513-6185　書籍編集部

印刷・製本　大日本印刷株式会社

ISBN978-4-297-13531-7 C0077
Printed in Japan